U0611237

中华先烈人物故事汇

赵世炎

主　编
张树军

副主编
王相坤

编　著
王相坤　丁守卫

学习出版社

目 录
Contents

引 子

翻开中国近现代史，总有那么多波澜壮阔、惊天动地的革命浪潮扑面而来，总有那么多仁人志士的英名伟业映入脑海，令人感慨唏嘘，肃然起敬。历史的画卷和先烈的形象交相辉映，蔚为壮观，让丰富的联想和对革命先烈们崇高的敬意油然而生。

赵世炎就是这样一位值得一代代后辈深切缅怀、永远敬仰的革命先烈。

赵世炎1901年4月出生于四川行省酉阳直隶州（今重庆市酉阳土家族苗族自治县）龙潭镇。受特殊时代的大气候影响，童年的他很小就痛恨帝国主义和清统治者以及北洋军阀政府给中华民族造成的灾难，并用后人赞扬岳飞的名句"上下三千年，古今第一人"和"生今之世，处此万恶社会，不奋斗何以为人也"不断激励鞭策自己，立志以民族英雄为榜样，为拯救中华民族而献身。

后来，他负笈出川赴北京求学，受到李大钊等倡导的新思潮的影响，积极参加和领导了反帝反封建的五四爱国运动。随后留学法国，与周恩来等共同创建中国共产党旅欧支部，为中国共产党的创立作出了不可磨灭的贡献，为中国革命培养了一大批优秀人才。在第一次国内革命战争时期，他先后在北方和江浙一带从事革命工作，是上海 3 次工人武装起义的主要组织者和领导者之一。1927 年 7 月，因叛徒出卖，不幸被捕牺牲。

赵世炎就义时年仅 26 岁。据说，刽子手连砍数刀，他高傲的英雄头颅才被砍下。但他挺直的身躯，竟然久久屹立不倒！

一个民族不能没有英雄，否则这个民族就只能逆来顺受，任人宰割。当国家处于危难之时，懦弱者选择了逃避、妥协甚至投降。像高尔基那首著名的散文诗《海燕》中的企鹅，在暴风雨来临时，只会"胆怯地把肥胖的身体躲藏到悬崖底下"，或是像海鸭那样，"享受不了生活的战斗的欢乐：轰隆隆的雷声就把它们吓坏了"。只有英雄，那些像赵世炎一样真正"铁肩担道义""视死忽如归"的共产党人或曰"国家英雄"，危难时刻才会挺身而出，用自己的青春和生命"拯斯民于水火，挽狂澜于既倒"，在"中华民族到了最危险的时候"，矢志不渝，义无反顾，用自己年轻宝贵的生命谱写了一曲曲英雄的壮歌……

赵世炎死了，他年轻的生命，虽然只度过了短短26个春秋，然而放射出来的光芒却永耀史册，永照人间。

2019年5月，习近平总书记在江西考察时指出："建立中华人民共和国，这是无数革命先烈们用鲜血换来的。当年党和红军在长征途中一次次绝境重生，凭的是革命理想高于天，最后创造了难以置信的奇迹。现在国家发展了，人民生活变好了，我们要饮水思源，不要忘了革命先烈，不要忘了党的初心和使命，不要忘了我们的革命理想、革命宗旨，不要忘了我们中央苏区、革命老区的父老乡亲们。"

是的，无论时代怎样发展，那些为民族求生

存、为人民求解放的革命先烈永远不会过时，永远不该忘记。一个不忘初心，永远不会忘记过去，永远不会忘记那些民族英雄革命先烈，并且，饮水思源永远不忘自己从何处来向何处去，懂得珍惜懂得感恩，懂得卧薪尝胆不懈奋斗的民族，才是一个有着光明前景和美好未来的民族。

出川少年

　　都说国泰民安，国富民强，一个人的命运不仅与家庭出身有关，更与时代、与整个国家的命运有着密切的关系。

　　如果不是出生在那样一个国事蜩螗的年代、一个风雨如磐的年代、一个国将不国的年代，而是生在一个国泰民安、百姓安居乐业的太平年间，可以想见，和当年许多革命志士一样，以他的博大胸怀和聪明才智，赵世炎也许会成为一个能干的官员，一个著名的教授，一个精明的儒商……因为生逢乱世，生活在那样一个腐朽黑暗的年代，还在孩童时期，他的胸中就萌发了立志报国的志向，并义无反顾地走上了一条救国救民的道路，以致最终以身殉志，血祭轩辕。

　　赵世炎出生于 1901 年（清光绪二十七年）4

月13日。那天，在川湘交界的龙潭河畔一个名叫龙潭镇的古镇上，主要做桐油生意的"洪昌商号"商铺的老板赵登之又一次迎来弄璋之喜，妻子陆氏为他生下第八个孩子。当得知是个大胖小子时，未免有些重男轻女的赵登之喜不自禁，于是很费了番心思给这个呱呱坠地的孩子取名"世炎"，字"国富"。在他认为，"炎字两个火，可以把坏的东西烧掉，那样家族才能兴旺，国家才能富强"。

说来，赵氏家族的历史其实就是一部奋斗史。相传，当年一个姓赵的小伙计跟着做桐油生意的师父一路从江西辗转流浪到四川酉阳县龙潭镇，看到小镇商旅云集，热闹非常，便从此扎下根来。经过一番苦干苦熬，辛苦劳累，这位姓赵的小伙计终于"多年媳妇熬成婆"，挣下了不少家产，在龙潭镇盖起了一座十分气派的大院，人称赵家庄屋。但到了赵世炎祖父时，赵家已经衰败，以致赵世炎的祖父只好到街头做鞋匠谋生。

于是，重振赵家的重任便自然而然地落到了赵世炎父亲赵登之的头上。精明能干又精打细算的赵登之少年时曾在财主家做过书童和学徒，后来有了些积蓄便在镇上买了铺子开始自己做生意，一心想恢复祖先家业。但是，当时正是清王朝内外交困、日趋没落以致丧权辱国的时代，中国的大好河山支离破碎，被帝国主义列强瓜分豆剖，蚕食殆尽，民族危机日益加深，人民生活水深火热。由于时运不济，赵登之无论怎样辛苦奋斗，日子始终过得紧巴巴的，很难再奋斗出个光鲜模样。

也正因此，赵登之对清王朝的软弱无能和丧权辱国非常激愤。他渴望国家富强，于是便给自己的这个儿子取名世炎，字国富。

孩童时期，对赵世炎影响极大的有两个人。一个是他的祖母。

世炎从小受到祖母和父母勤劳、正直性格的影响和熏陶。尤其是老祖母对他的启蒙教育，影响极大。老祖母虽无文化，但为人正直，很有志气，很受全家和镇上人的敬重。她很会讲故事，有意无意地，经常用故事教育孩子，要自己的孙儿孙女"人要有志气"，"做人做得正，富要富得清"，要急公好义，有同情心，千万不要为富不仁，学那些欺负穷人的恶霸。当年，她老人家经常给自己的几个孙子孙女讲轰动全国的"酉阳教案"：第二次鸦片战争后，大批西方传教士涌入四川，在四川各地强奸民女，横行霸道，1865年2月，酉阳人民不堪教会欺凌，在刘胜超的领导下，数百人奋起捣毁教堂，杀死两名传教士，狠狠打击了外国传教士的嚣张气焰。8月，川东闻风响应。可是，投降卖国的清政府却为了讨好洋人，派来大批官兵残酷镇压这次起义。外国传教士正好伺机报复，大肆杀害手无寸铁的酉阳百姓，致使近千人死的死，伤的伤……

每次说起这个故事，祖母总是禁不住一次次抹泪，而世炎自己也非常气愤。不知不觉地，幼小的心田播下了反帝反封建的种子。

对孩童时期的赵世炎影响最大的第二个人，无疑就是他的小学地理教员王勃山。

1912年的秋天，赵世炎进龙潭镇高级小学堂读书。这时正值袁世凯窃取辛亥革命胜利果实，各地掀起了反帝倒袁的革命浪潮。当时教世炎地理的教员王勃山是个同盟会会员。

有一天在地理课上，王勃山讲到香港被割，

九龙、澳门被强行租借，神州大地被列强瓜分，中国已完全任人宰割时，边讲边哭，泣不成声。讲台下，学生们在他的爱国激情感染下，也一齐放声痛哭。这时的赵世炎悲愤交集，双手握拳，在内心中发誓长大一定要"扶社稷，安苍生"，致力报效国家。

下课后，赵世炎一个人跑到操场上，仰天长啸，高声地朗诵起岳飞的《满江红》，朗诵到"壮志饥餐胡虏肉，笑谈渴饮匈奴血"一句时，竟然一咏三叹，反复数遍。在以后的日子里，同学们在教室里还经常听到他高声地朗读南宋爱国诗人文天祥的《正气歌》和明末抗清将领史可法的《复多尔衮书》等诗词雄文，许多同学都为他的爱国热情所感动。

当时，赵世炎各科成绩优异，特别是作文深得老师和同学们称赞。在自己的作文中，他特别喜欢写有关岳飞、文天祥等民族英雄的故事，对《明史·贰臣传》中的洪承畴和钱谦益则憎恨鄙夷，严词痛斥，而对那些推翻清廷、创建民国的英雄们却非常仰慕，尤其是对孙中山救国救民历尽艰险却始终不渝的革命精神十分敬佩，大加赞颂。

一天，看到地理老师王勃山剪了辫子，赵世炎羡慕崇拜得不得了。回到家里，他兴奋地告诉母亲："今天王老师给我们讲了许多反帝倒袁的事情，他还在课堂上把自己的辫子剪了，妈，我也要剪辫子！"

"人家王老师是大人，你小孩子家剪什么辫子？"

这时，三姐世兰、九妹君陶也过来帮世炎说话。世兰说："现在外面许多男同学都剪了，你就让他剪吧。"

"是啊，你就让我五哥剪吧。"君陶嘟着小嘴眼巴巴地望着自己的母亲说。

一看几个孩子都在求她，一向通情达理的母亲心顿时软了，便说："那……就剪吧。"

晚上，父亲回到家里，看到么儿把发辫剪了，女儿世兰和君陶也不缠足了，就很担忧，说："谁让你们这么干的？"

世炎理直气壮地说："我们不再效满奴！"

父亲虽然觉得世炎说得在理，年幼却很有志

气，但又怕儿子惹祸，赶忙呵斥："休得胡言，小心闯祸！"

父亲的担忧是对的。在那暗无天日的时代，许多革命者都被杀了头。就在世炎剪去辫子没多久，王勃山惨遭毒手，英勇就义！

即使许多年过后，赵世炎还清楚地记得，那天上地理课，王勃山老师将一幅中国地图挂在黑板上，神情凝重地说，我们的祖国历史悠久，文化灿烂，山河壮丽，物产丰饶，人民勤劳……可如今，西方那些强盗正在瓜分中国，洋人的铁蹄正肆意践踏祖国母亲的胸膛，中华民族正面临着亡国灭种的危险！

"为什么我们美丽的祖国会弄成这个样子？"王勃山义愤填膺，他告诉同学们，"这些罄竹难书的罪行是腐败无能的清王朝，是窃国大盗袁世凯，是上上下下的贪官污吏们犯下的！同学们，希望你们能从小立志报国，长大后能学岳飞'精忠报国'，重'收拾旧山河'，致力振兴中华。一切有良心的中国人都要挺直腰杆站起来，追随孙中山先生走革命图存之路，为恢复中华，驱除列强，即使血洒疆

场马革裹尸也在所不惜!"

谁知,他正说到动情处,忽然有两个差兵端着枪冲进教室里来,强行要将王勃山带走。

"你们为什么要抓我?我犯了什么罪?难道爱国也是一种罪行?为什么那些西方强盗在中国杀人越货,横行不法,你们不去抓他们?反而对他们奴颜婢膝?……"王勃山并不恐惧,而是非常气愤,越说越激动。最后,他怒发冲冠,一声长啸,忽然一头撞向黑板上挂着的那幅地图,鲜血顿时将地图染红了……

王勃山血溅中华地图,在全校师生中引起很大反响,更在赵世炎的心中激起很大震荡。从此,他在心中更加坚定了报效祖国、振兴中华的决心。

这年,含辛茹苦的父母盖了几间新房。父亲带着几个儿子参观新房时,高兴地说,这间是准备给老大结婚用的,那间是留给老二的,……还有,这是世炎的那间。

世炎这时接过话说:"我哪一间也不要,只要读书救国。"

父亲听了扑哧一笑,弯下腰拍拍世炎还很稚

嫩的肩膀说："好，好！还是我们家世炎人小志气大！"

1915 年 7 月，赵世炎以优异成绩考入酉阳联合中学。这是一所历史悠久的学校，初创于清代乾隆年间，在当地很有名气。但当时，由于受到在成都陆军学校上学且已加入同盟会的二哥世钰的影响，赵世炎的心早已飞出了酉阳这块巴掌大的天地，很想去中国的政治中心——革命风云激荡的北京闯荡一番。正好，三哥世炯这时从济南发来电报，说自己已在济南电报局工作，希望世炎、世焜兄弟二人到北京上学，学费由他资助。

世炎便和父亲说，他要去北京读书。本来，赵登之一心希望自己的几个儿子能留在家里，和自己一起发家致富，在镇上再创昔日"赵家辉煌"，但眼看儿大不中留，也就任由他们去了。

1915 年 8 月，赵世炎和四哥世焜离开四川，来到北京，双双考入当年有"北京最好的中学"之称的北京高等师范学校附属中学。

由于从小就受父母勤劳节俭的影响，赵世炎平时生活很节俭。他常常穿着粗蓝老布的衣服，下雨天穿一双钉鞋，踩在地上咯吱作响。有人取笑他穷，他不以为然地说："穿钉鞋不湿脚就行了。要知道如今在乡下许多穷孩子还长年打着赤脚，踏着冰雪走路呐！"因为很少换洗衣服，且很少有条件洗澡，以致这年冬天他身上患了疥疮，又疼又痒，但赵世炎不以为苦，反而一边抓挠，一边还幽默地对关心他的同学说："我要抓掉这些疥疮，不让它们长久地生在我的身上，如同抓掉那些外国列强，不让他们久占我国领土一样！"

世炎虽然自己生活节俭，对同学却很大方，他经常力所能及地接济别人，帮助同学。他平时乐于助人，待人热情大方，因而和同学们相处得情如手足。他真诚坦白的襟怀、英俊潇洒的气质、正直善良的品质，给大家留下了深刻的印象。

他当时住在叙府会馆，与他同住的十几个川籍大中学生，平时都很喜欢与他交往，有事都喜欢和他商量。而赵世炎也很喜欢为大家服务，尽力关心每一个同伴，由于他善于交际，人脉很广，平时大家遇到什么事情总喜欢找他帮忙，每当这时候，赵世炎从不推辞，总是竭力帮忙解决。因此，大家都送给他一个美称——"外交大臣"。

在高师附中读书的这几年，正是赵世炎的世界观、人生观或曰阶级观逐步成型或成熟的时期。在北京这座中国最大的政治大舞台上，这些年他实在看多了一幕幕看似冠冕堂皇其实丑陋肮脏的政治丑剧和政治闹剧。在这里，他亲眼看到，虽然颟顸无知、腐败无能的清统治者已被推翻，但是中华民国的建立却并没有给国家和人民带来光明。新旧官僚政客勾结在一起控制政权，军阀们争权夺位，相互争战，祸国殃民。帝国主义在中国的经济、政治特权有增无减，他们在东交民巷筑墙驻兵，胡作非为……

通过仔细的观察和深入的思考，赵世炎认为，辛亥革命虽然推翻了中国的封建帝制，建立了共和制的民国，但究其实，完全是挂着羊头卖狗肉，政治局势更加混乱，旧的封建统治的国家机器并没有被摧毁，北洋军阀和新旧政客狼狈为奸，并纷纷寻找列强作靠山，共同欺压残害人民。这样的中国依然令人窒息，让人几乎看不到一丝光明的希望。

"中国往何处去？自己往何处去？"在这样的

一个历史时期，少年赵世炎完全处在一种困惑与迷惘之中，他后来称自己当时是一个"迷惑少年"。

不过，迷惑归迷惑，在学业方面，赵世炎却始终非常用功，非常珍惜难得的学习机会。

附中开设的课程很多，每学年都在 15 门以上，赵世炎几乎每门都很优秀，特别是英语尤为突出。有一段时间，放学后他经常往教堂里跑，同学们都感到很奇怪。一天，有位同学好奇地问他："你为什么老往教堂里跑？是不是也学那些洋人加入耶稣教？"

一看同学们显然是误会他了，赵世炎便笑着解释："你们误会我了。我哪是加入什么耶稣教？我去教堂，不过是想多跟外国人交流，多练习练习英语口语。"

果然，有一次学校组织"英文学会"，请一个外国人来演讲，让赵世炎当翻译。赵世炎不但上了台，而且翻译得语言流畅、浅显易懂，赢得了大家的一致称赞。

随着英文水平的不断提高，附中的图书馆已经无法满足赵世炎的求知欲。于是，他便经常跑到北京大学等高校的图书馆去借阅英文书报。在北大图书馆，他有幸认识了李大钊、毛润之（毛泽东）、蔡和森、邓中夏、恽代英。当时李大钊组建了少年中国学会，"以科学精神作社会活动，以创造少年中国。并以奋斗、实践、坚韧、俭朴为会员信条"，共同探讨未来中国的出路。

赵世炎是通过周太玄引荐加入少年中国学会的。北大川籍学生周太玄是一位热情的革命家。他第一次与赵世炎接触后，便成了知音，临别时难舍难分。在交往中，周太玄发现赵世炎关心国家命运，为人热情诚挚，且思维敏捷、胸襟开阔，很有毅力，是个做大事的人。

周太玄看人的眼力很准。在政治方面，赵世炎的确有超乎常人的天赋与才干。当时，正是新文化运动在北京方兴未艾之际，从小就对政治时事格外感兴趣也格外关注的他，这时就更是十分留心这场运动的走向，关注着中国未来的前途和命运。在阅报室内，别人大多争着看花边新闻或八卦故事，而他总是在看时事新闻。不仅自己看，他还引导同学们关心时事，并经常在写给家乡小学同学的信中谈论时事政治，说"天下兴亡，匹夫有责"，劝告同学好友"不要埋头死读书，应注意国家大事"。

当时，李大钊和王光祈、周太玄正在酝酿筹备成立一个传播新思想的学会，急需吸收一批有志于救国救民的进步青年参加。于是，周太玄便向李大钊推荐了赵世炎，认为赵世炎是"一把好手"，值得特别注意。

李大钊听周太玄介绍后，便想认识一下赵世炎。

这天，李大钊在米市胡同便宜坊请几位著名学者吃烤鸭。到了开席时间，李大钊笑着请大家稍等一会儿，说今天他还特地请了两位青年才俊赴宴。

不一会儿，有两位青年一起掀帘而入，向大家施礼后便各自作自我介绍。原来，这两位青年才俊一个是湖南人毛泽东，一个便是四川人赵世炎。

大家看毛泽东，长得白白净净，高高大大，身体健壮，目光深邃，说话虽然谦和但极有见识。而赵世炎则长得黑黑的，中等身材，头特别大，双目炯炯有神，英气勃发。

果然是两个气度不凡超群脱俗的中国少年!

为了活跃气氛,李大钊风趣地说:"你们两个,一个来自湖南湘潭,一个来自四川龙潭,看来是'少年中国'的两条龙啊!后生可畏,年轻有为,你们是中国的希望啊!"

将毛泽东和赵世炎介绍给几位著名学者后,李大钊便请大家入席一边吃烤鸭一边畅谈,共同探讨救国救民的途径和真理。

虽然是和几位当时中国最著名的大学者在一起谈论国事,各抒己见,但无论是毛泽东还是赵世炎,这两个年轻的"中国少年"都不卑不亢,纵论古今,很有思想和见地,给大家留下了很深的印象。

和赵世炎结识后,李大钊也觉得这小青年很热情很能干,的确是一把好手。于是,在后来筹备成立少年中国学会的许多活动中,李大钊都邀赵世炎参加。如此一来,赵世炎的活动范围便由高师附中逐步扩大到北大,乃至其他一些学校。至于在北京的四川青年学生中,他更是崭露头角,成了一个活跃的人物。

时代的召唤

　　回望 20 世纪初的中国，真的应该说是何其不幸，而又何其有幸！

　　说何其不幸，乃是因为 20 世纪初的中国灾难深重，世所罕见，几乎没有哪一个民族哪一个国家像我们那样遭受了那么多的屈辱与灾难。甲午战争以后，帝国主义掀起了瓜分中国的狂潮，中华民族已面临着亡国灭种的现实威胁。以至有一个西方侵略者在日记中写道："做 19 世纪的中国人太悲惨了。"为挽救民族于危亡，以孙中山先生为杰出代表的资产阶级革命派登上了历史舞台。然而，辛亥革命虽然推翻了腐败没落的清王朝，但是军阀割据、西方列强侵占中国的步伐仍在加速，中国仍然处于半殖民地半封建的深重苦难中。

　　说何其有幸，乃是因为在那样一个需要英雄、呼唤英雄的时代，我们的民族英雄辈出，涌现了那么多以身许国叱咤风云的英雄，扳扳手指，就能列举出那么多可钦可敬、可歌可泣的名字。这，实在是中华民族当时不幸中的一大幸事！

不用说，赵世炎就是在那样一个不幸的时代涌现的民族英雄。

冰冻三尺非一日之寒，赵世炎之所以能脱颖而出，成为那个时代令人敬仰的革命先驱，成为一名优秀的工人运动领袖，与他从小就立下的济世宏愿、崇高理想和不懈追求，当然也与时代风雨的洗礼是分不开的。

1919年是一个极不寻常的年份。打从这年的春天开始，一切就显得是那样令人不安、烦躁、郁闷以至愤怒。

事情大致是这样的：1914年第一次世界大战爆发，日本借口对德宣战，攻占青岛和胶济铁路全线，控制了山东省，夺取德国在山东强占的各种权益。1918年战争结束，德国战败。1919年1月18日，战胜国在巴黎召开和平会议。作为战胜国，北京政府和广州军政府联合组成中国代表团参加了巴黎和会，并提出取消列强在华的各项特权，取消日本帝国主义与袁世凯订立的"二十一条"等不平等条约，归还日本从德国手中夺去的山东各项权利等要求。然而，巴黎和会在英、法等帝国主义列强操纵下，不但拒绝了中国的正当要求，而且在对德和约上，明文规定把德国在山东的特权，全部转让给日本。对此，北洋政府迫于压力，竟准备在对德和约上签字。

消息传来，举国震动，群情激奋。然而一开始，国人多半除了震惊、愕然、痛苦与愤懑之外，却又无计可施，不知所措。当时，在北京高师附中，年轻的中学生们就更是不知如何是好。当时，处在愤怒的旋涡中的学生们，因为情绪失控，有的罢课，有的骂街，有的酗酒，有的弃学回家，有的甚至怒而自杀，全校乱成了一锅粥。这个时候，学校反而勾结反动政府，秘密搜集进步学生的情况。

有道是："沧海横流，方显出英雄本色。"关键时刻，北京的一些著名爱国知识分子如陈独秀、李大钊等人挺身而出，成为具有划时代意义的五四运动的组织者与领导者。

1919年5月3日下午，和往常一样，李大钊又在米市胡同的便宜坊请几位学者和高校的几名学生吃烤鸭。

　　李大钊这次请大家"吃烤鸭"，实际上是五四运动的策划会或酝酿会。负责组织五四运动的是北京13所大学组成的"十三校学生代表联合会"，其领导骨干是邓中夏、黄日葵、高君宇、赵世炎、瞿秋白等，李大钊作为主要策划者，一直出席并主持"十三校学生代表联合会"的各种会议。在北大图书馆的红楼里，李大钊秘密与黄日葵、许德珩等人原本商定将5月7日定为"国耻日"，开展"直接行动"，举行全市高校学生示威游行。

　　可是，5月3日上午，当李大钊与赵世炎、高君宇、邓中夏等13校学生会的负责人在一起正开会研究时，突然一名高校同学跑来报告：当局已得到消息，将于5月7日派兵镇压示威学生。于是，李大钊便临时决定晚上请大家到便宜坊去"吃烤鸭"，紧急商讨对策。在李大钊、邓中夏、黄日葵、高君宇、赵世炎、瞿秋白等人的积极主张下，会议决定"明日大示威"，并号召大家立即回校抓紧传达，严守秘密。

当晚，赵世炎赶回学校，立即召集学生，他对大家说："日本人强占我们的青岛，欧美人同意它占据青岛，段祺瑞不敢力争。我们为了救国，必须起来反对，不能再埋头读书了。"

等到同学们陆续聚集到操场，将他团团围住后，赵世炎挥动着手臂，大声地说："同学们，一场伟大的历史风暴就要到来了！北京高等学校联合会已经决定，举行全市游行，外争国权，内惩国贼！在这场风暴到来之前，我们要积极做好准备，严格遵守北京高校学联的纪律。现在，由各班干事长负责组织大家赶做各种小旗，上面分别写上'反对卖国的二十一条''外争主权，内除国贼''还我山东'等口号，没有事一律不准出校，随时等候命令。"

5月4日，北京高校3000多名学生代表冲破军警的阻挠，聚集到天安门，打出"誓死力争，还我青岛""外争主权，内除国贼"等口号，要求惩办曹汝霖、陆宗舆、章宗祥，痛打了章宗祥，冲闯火烧曹宅，引发"火烧赵家楼"事件。随后，军警镇压逮捕了学生代表32人。

当天晚上，13校代表再次在北大图书馆红楼召开紧急会议，商量下一步的方案。李大钊提出派代表去全国各地发动声援，形成风暴席卷之势，最后确定派黄日葵、许德珩等去外地联络，李大钊、高君宇、邓中夏、赵世炎等留在北京继续坚持斗争。很快，全国各地纷纷响应，北京民众也立即掀起罢工、罢课、罢市的抗议高潮，在这种时候，赵世炎立即向13校学生联合会提出一项重要的建议："通电全国全世界，谁在和约上签字，谁就是卖国贼！"

这道通电一发出，在社会上一传开，立即起到了强大的震慑作用和吓阻效应。在强大的社会舆论面前，北洋政府也不敢冒天下之大不韪，参加巴黎和会的北洋政府代表为了表白自己，洗刷自己，也通电全国及世界"内疚神明，外惭清议"，拒绝在和约上签字，甚至作为领队的陆征祥因为痛心于"弱国无外交"还愤而辞去公职进了修道院。

声势浩大的群众斗争，特别是以工人阶级为主力军，包括城市小资产阶级和民族资产阶级参加的全国范围的革命运动，迫使反动的北洋政府在6月7日释放了被捕的学生，并拒绝在巴黎和约上签字。至此，五四运动取得了胜利。

五四运动爆发时，赵世炎以高师附中最高班学生身份，被全校学生普选为学生会总干事。在五四运动期间，他不仅与李大钊经常接触，研究运动的发展，同时与陈独秀、胡适等宣传新文化新思想的教授接触，并邀请他们到附中演讲。当时社会上纷纷传说"北京大学出现了马克思主义小组的秘密活动"，也流传着附中也有此小组在秘密活动的传闻。高师校方大为惊骇，立即将附中主任撤职，命令新上任的主任整顿校风，并开除了一名学生，指其"思想激进，扰乱校规"。

消息传开后，许多师生都为这名学生鸣不平。经过五四运动，赵世炎已经成熟起来，显示出一种与其年龄不相称的老练。他立即召开学生会干事会，认为在当前的情况下，"前进一步生，后退半步亡，这就是我们附中面临的现实！后退是没有出路的，为此我们必须采取两个方面的行动，一是立即宣布罢课，二是向教师和社会进行宣传，争取各方面的支持"。

于是，在赵世炎的带领下，全校立即罢课，学生们走出校门，在社会上进行宣传，很快取得了社会舆论的支持，许多报纸对附中学潮予以详细报道，公开声援，舆论的矛头一下全对准了附中校方。在强大的社会舆论压力面前，校方终于作出妥协，炒了新任主任的鱿鱼。

在五四运动中，赵世炎经受了锻炼，学到了群众工作的组织领导方法和经验，思想觉悟和政治素质有了很大提高。在担任学生会总干事期间，总是能主持公道，伸张正义，每当学生会内部成员之间有意见分歧甚至发生争执时，他总能遇事冷静，保持耐心，认真倾听各方陈述，待大家畅所欲言、各抒己见后才说出自己的见解，并总是能得到大多数同学的认可和接受。而每当同学们在学习和生活中遇到困难，也总是能得到他及时而又热情的关心和帮助，因此，同学们都亲切地称呼他为"宋大哥"或"及时雨大哥"。

五四运动是一场"彻底地不妥协地反对帝国主义和彻底地不妥协地反对封建主义"的伟大爱国

运动。作为一名组织者和参与者，赵世炎在这场斗争中经受了暴风雨般的洗礼。经历这场运动，他开始逐步认识到人民群众的力量是社会事业成功之关键。在《说图书馆答友人问》一文中，他说："窃观社会事业，力薄者易毁，力厚者易成。力何以厚？厚于集而已。社会集众而成。则所以保持之者，亦秉于众。"他认为力量雄厚的原因就在于集合了群众的力量，而群众集结起来了，事情就好办了。

也正因此，五四运动后，以赵世炎为代表的中国先进知识分子，开始渐渐由不自觉到自觉逐步地走到产业工人中去进行革命活动。在李大钊先生的倡导下，他和邓中夏、高君宇、许德珩等人到铁路工人中进行讲演，开办夜校，开展革命活动。

1919 年 7 月，18 周岁的赵世炎从高师附中毕业了。虽然他在参加政治活动方面花了很多时间，但是毕业成绩仍然列为优等。从高师附中毕业后，为了追求改造社会的理想，他不顾家庭的反对，毅然决定放弃报考大学，也没有去找工作，而是于 9 月经李大钊介绍，到吴玉章开办的法文专修馆学习，准备留法勤工俭学。

法文专修馆是留法勤工俭学的预备学校，赵世炎一进校就被选为学生会主席。在此期间，他的生活非常紧张。除了学习，他还要做学生会的工作，帮助贫穷的有志青年筹措去法国的路费，办理各种出国手续，同时，还要参与李大钊筹建革命组织的活动，且经常回高师附中参加少年中国学会的活动。他和会员们相约要生活朴素，并尽量做一些替人抄写文稿或者担任学生会举办的平民夜校的教师工作，力争做到自己挣学费赴法求学。

当时，为了学好法文，赵世炎常夜以继日地工作学习，且经常在学生会的办公室里过夜。没有床，他就趴在办公桌上睡一觉。为此，他还用《论语·述而》中的话打趣自己说："饭疏食饮水，曲肱而枕之，乐亦在其中矣。"

一天，也准备前往法国勤工俭学的湖南学生毛泽东、蔡和森等20多人专程来法文专修馆考察。赵世炎热情地向他们介绍了法文专修馆的情况。他对毛泽东等人解释说："我决定去法国，完全是由于李大钊先生的鼓励和赞助。他要我深入工人中去，把劳动和学习打成一片，研究他们的世界观和对生活的态度，理解他们的感情，为解救中华民族探索出一条道路来。"

这年冬天，赵世炎全家由四川酉阳迁到北京定居，久别重逢的家人觉得赵世炎少年老成，与当年出川时相比变化很大。赵世炎的三姐赵世兰回忆说："4 年不见，世炎已长成大人，作风显得老练持重，遇事有主张，但不轻易张口……他经常带一些进步书籍给我和九妹君陶看，把一些新的思想灌输给我们。"

在赵世炎的影响下，赵世兰和赵君陶后来都走上了革命的道路。

1919 年 12 月，蔡元培、李大钊、陈独秀等人在北京发起组织工读互助团，李大钊号召知识分子到工人中去进行活动，与工人群众相结合。工读互助团是一种初期的青年社会主义组织，团员们一方面从事办食堂、洗衣、印刷、装订和贩卖书报等体力劳动，一方面分别在各自学校里听课读书。他们认为，这样实行半工半读的集体生活，可以消灭体力劳动和脑力劳动的差别。在"工读主义"思想指导下，赵世炎在北京参加了李石曾等人倡导的勤工俭学活动和李大钊等发起的工读互助团活动。

1919年12月6日，赵世炎主办的《工读》半月刊出版。在发刊词中，赵世炎宣告："现在中国的社会坏极了，不图解救是不可长久的……解救之道，当然是社会主义。因为它是最公道、最平等、无军阀财阀、无种界国界，经济上固然好，道德上尤其好。"在当时各种思潮纷繁杂乱、各种主义令人眼花缭乱的乱局中，赵世炎拨开迷雾，睁大慧眼，最后选择了马克思主义，坚定了只有社会主义能够救中国的信念。

1920年4月初，赵世炎结束了在法文专修馆的学习，准备取道上海出国。这时，他母亲身患重病，赵世炎尽管心里十分难过，但诚所谓"忠孝不能两全"，为了探索救国救民的真理，寻找拯救中国的良方，"翱翔四海求真理"，他还是含泪告别了重病之中的慈母，再次离开温暖的家庭，毅然踏上了赴法国勤工俭学的漫漫征途。

1920年5月9日清晨，赵世炎搭乘的法国远洋轮——"阿芒贝尼克号"徐徐地开出上海杨树浦码头，向远洋驶去。毛泽东和其他支持赞助勤工俭学运动的各界友人自发前来码头送别。船上有120多名勤工俭学学生，大部分是湖南人和四川人，其中同船的有萧三、张天翼等。

起初，毛泽东也打算一起赴法勤工俭学，但他出于自己的思考，还是中途易辙，决定不去法国。1936年10月，毛泽东在陕北接受美国记者埃德加·斯诺采访时，解释自己不去法国的原因是："我对自己的国家还了解得不够，我把时间花在中国会更有益处"。

后来的历史充分证明，毛泽东作出这样的决定是非常明智极为正确的。

但在当时，赵世炎却打定主意要去法国。途经上海时，他特意去拜访正住在上海法租界的陈独秀。陈独秀爱才心切，他看赵世炎胸怀大志，精明强干，便一心希望他能留下来，在上海协助自己开展共产党早期组织的筹备工作。赵世炎谢绝道："临别北京之时，李大钊先生对我已经作了布置，同时为我制定了留法勤工俭学的计划。李大钊先生赋予我配合国内马克思主义的传播，了解法国赤色工人运动的任务。苦难的祖国在召唤斗士，灾难的民族在盼望新生，无产阶级的革命风暴盘旋于欧洲，数十万华工集于法国，无数有志青年，早已走出国门，去海外苦苦探索救国救民的良策，赴法勤工俭学已成高潮。鲲鹏十万里，定要捎回马克思主义的信风，让它吹遍中国大地。"

一席话，说得言者和听者都很感动。

是的，当时，赵世炎执意要去法国，绝对不是为了个人"镀金"，而是肩负着神圣的使命，如同当年中国的许多仁人志士和热血青年一样，是要去"西天取经"，渴望能够取回一部救国救民的"真经"！

03 "敢问路在何方?"

从 1920 年 6 月 15 日抵达法国马赛，到 1923 年 3 月 18 日离开法国前往红色苏联，赵世炎在法国前后一共勤工俭学了两年零九个月，如果用一段现代歌词来形容他的这段勤工俭学的经历与感受的话，那就是"历尽苦难，痴心不改，少年壮志不言愁"。

的确，像当年的许多去欧洲多半是到法国的中国"西天取经者"一样，在"西天取经"的日子里，赵世炎经历了许多的坎坷与磨难，但他却始终执着一念地坚持着，为了自己的崇高理想坚持不懈地奋斗着，从不言愁，更不言弃。

赴法勤工俭学的路从一开始就显得非常艰难。

因为都是第一次远渡重洋，去探索救国救民的真理，出发的时候大家都异常的激动，也无不满怀着希望，可是，等一上到远洋轮上，就像忽然被人兜头浇了一瓢冷水，几乎所有学生的情绪顿时都一落千丈。

原来，学生们乘坐的四等舱实际上是一个货舱，而且，100多人白天黑夜地都像沙丁鱼罐头般拥挤在宽六七丈、长仅四五丈，始终黑黝黝的船底舱内，成天吃着粗劣不堪而且经常变馊发霉的黑面包，其情其景可想而知！

尽管这样，大家虽然免不了发些牢骚，但中国人都是吃苦耐劳的，尽量苦中作乐，满怀憧憬，激情洋溢。5月12日，在船经过香港时，赵世炎特地把在船上的生活情况写成通讯，寄到北京《晨报》上发表，在这封公开的"一封家书"中，他说："我们不但不感寂寞，并且因为组织变换的结果，精神上得到许多愉快，虽舱位不佳也不觉痛苦。"

来到法国，特别是到了巴黎，想不到现实的巴黎和来之前大家心目中的巴黎反差竟如此之大！

原来，经历过第一次世界大战后，巴黎就像一个大病未愈的老妇人，看上去是那样憔悴不堪。曾经繁华的闹市如今已衰败萧条，沿街的商店几乎都门可罗雀。至于巴黎的近郊就更是贫民窟比比皆是，人们有的住在破旧的汽车棚里，有的住在烂铁皮烂木板搭的房子里。到处晒着破旧的衣服，随处可见乞讨的乞丐，小孩子在垃圾堆上觅食，神情疲惫精神萎靡的苦工过着牛马不如的生活……

"人间何处有天堂？……中国没有，看来，西方也一样寻找不到！"那些天里，赵世炎听着、看着、想着，觉得眼前的巴黎并非是自己理想中的光明世界。

一开始，赵世炎由于没有找到工作，除了补习法文以外，他主要是为附近的华工服务和帮助华法教育会做些编辑出版工作。对于到华工中进行活动他抱有很大的兴趣，尽量详细地了解这方面的情况；对于由六七个少年中国学会会员组成的巴黎分会的活动，他也特别关切，仔细了解。同时，他还经常找朋友讨论勤工俭学的情况，与先后来到巴黎的李富春、蔡和森、蔡畅、向警予、陈毅、聂荣臻、李维汉、何长工、李立三、邓小平、王若飞、陈延年、陈乔年等都见过面，并成了好朋友。

1920年8月，赵世炎进入巴黎西郊工业区赛克鲁的一家铁工厂做工，这天他母亲在北京病故。当他得知这一噩耗后万分悲痛，但他很快就克制住自己的感情照常劳动和学习。因为没有技术，赵世炎只好在厂里做杂工，有时锯铁，有时锤铁，有时卸车，搬运重物，工作又脏又累。厂里安排给赵世炎等苦工住的宿舍像牛棚，每间住一两百人，棚内刺鼻的臭味令人作呕，这让赵世炎深深感到"国无尊严，民无地位"。

赵世炎在赛克鲁铁工厂只做了一个多月就失业了，原因是原材料短缺，工厂关闭了几个车间，勤工俭学的中国学生自然成了被裁员的对象。如此一来，进入失业行列的赵世炎只好一边继续找工作，一边抽空读书和进行社会调查。

10月，赵世炎终于又找到三德建的一家铁工厂打工，干的依然是又累又脏且有危险的苦活、重活。如"拉红铁"，拉出的钢条是红的，热气逼人，得戴上石棉手套，双手夹住钢条让它通过机器。钢条像红蛇一样一条接一条向前奔来，稍不注意就会出事故，轻则残疾，重则死亡。就这样，一天一干就是 10 多个小时，几乎没有喘息的工夫。再说"轧钢板"，双手要拿大钳子托送火红的钢板，在高温下来回跑，跑得汗流如雨，衣裤透湿。一双双乌黑的手、一张张乌黑的脸，那种紧张与辛苦不是亲身经历者实在难以体会。

工作是如此艰险，住宿是如此肮脏，吃的则几乎每天都是白水煮土豆，有时用咸鱼就难以下咽的粗面包，偶尔吃点火腿或香肠，那就算是过节改善生活了。

正是在这样艰苦的环境中，生活在一群饥寒交迫的被剥削者中间，赵世炎才真正明白了什么是工人阶级，什么是资本主义，更深切地懂得了无产阶级为什么要革命，为什么要实现社会主义和共产主义。

尽管工作异常劳累，生活极端艰苦，但是，赵世炎依然初衷不改，他自觉自己到法国是来"取经"，"寻找马克思"的，因而，一到巴黎，他就首先跑到书店买了好几本马克思的书籍，每天再苦再累也要坚持"必读3小时","工余的傍晚，他还到楼顶平台上借夕阳的余晖用功读书，并愉快地自称是'黄昏之贼'"。对此，他是这样解释的："贼者，偷也、盗也，偷得时光，分秒必争读马克思的书，这就叫勤工俭学。"

就这样，厚厚的《资本论》，靠着词典一个字一个字地"啃"，几个月下来竟然被他全"啃"完了。终于，他在马克思的《资本论》中找到了答案。"原来，资本家是靠剥削工人的剩余劳动价值生存的，工人干得越多，剩余价值就越多，被资本家剥削的也就越多，所以他们用消极怠工来对付资本家的残酷剥削——赛克鲁铁工厂的工人们给他上了第一课。"

一天，他从勤工俭学的同学那里得到一份《旅欧周刊》，读到了一篇题为《谈勤工俭学与华工工作》的文章，对这篇署名"佐夫"的文章中提到的工人运动的观点非常赞同，于是，就很想认识这位"佐夫"。经过打听，原来这位"佐夫"的真名叫李立三，正在三侠孟纱厂做翻砂工。据李立三回忆："几天以后收到世炎同志一封信，信中表示同意我的主张，并说要见我……隔几天他便来见我。"这是我第一次和赵世炎见面。见面后谈得很投机，看法完全一样。"

1920年冬，第一次世界大战后的法国工厂受经济萧条的影响纷纷倒闭，工人大批失业，赵世炎也很快被迫离开了工厂。通过两次"失业"，他对资本主义的本质有了进一步认识。他认为，资本主义发达的法国和封建落后的中国相比，表面上虽然千差万别，但在本质上都是黑暗腐败的，完全不像自己出国前所想象的那样。由此，他深感自己以前对社会改造的看法空想太多，不实际，是一个危险，在给国内友人、少年中国学会会员的信中，他写道："我常常想，我们过去的事，都有些踏空，……我诚恳地盼望我们朋友务必要从冷静处窥探人生，于千辛万苦中，杀出一条血路！"

当时，在法国有1600多名勤工俭学的学生。这些学生绝大多数是一边劳动，一边研究社会主义学说，探索中国革命的道路。这就与北洋军阀政府支持勤工俭学的初衷背道而驰。于是，他们就大骂勤工俭学学生是"既不勤工，又不俭学"，只知胡闹。1920 年年底，北洋政府借口"现时国库奇绌，在法学生之无钱无工者，惟有将其分别遣送回国，并责成使馆办理"。华法教育会这时也趁机通知勤工俭学学生"停止发放维持费"，以此来迫害勤工俭学学生。

一时间，许多学生顿时陷入"经济无着、求学无门"的绝境，甚至有的人得了病，无钱医治，痛苦地死去。

如此一来，在巴黎以外地方的留法勤工俭学学生，不得不派出代表到巴黎商议怎么办。面对如此山重水复的现实困境，怎么办？需不需要、能不能够继续勤工俭学？那些天，赵世炎也在苦苦思考。经过深思熟虑，他强调：要革命先要组织工人，到工厂做工可以学会组织工人、领导工人的本领。因此，他主张继续坚持勤工俭学，并劝慰大家：大家找不到工作只是暂时的。

为了团结广大的勤工俭学的学生，他和李立三等发起、创建了劳动学会，并在劳动学会的成立大会上，明确提出了无产阶级必须组织工人才能进行革命斗争的思想。

1921 年 2 月 28 日早上，在蔡和森、向警予等的领导下，500 多名勤工俭学的学生前往中国驻法公使馆请愿示威，齐声高喊"要吃饭权、工作权和求学权"的口号。但是，学生们的正义行动却遭到了中法反动派的镇压。驻法公使陈篆勾结法国政府出动军警，用枪托和警棍殴打学生。学生们不畏强暴，进行了英勇的反抗。

这就是勤工俭学史上著名的二二八运动。

赵世炎和李立三等虽然没有参加这次运动，但在事件发生以后，他们劳动学会的 8 个人就公开声明，对这次事件表示极为愤慨，并坚决反对公使馆勾结法国警察殴打中国留学生，同时号召全体勤工俭学学生团结起来，共同进行斗争。

3 月 28 日，群众性的组织留法勤工俭学会在巴黎成立。学会由赵世炎负责主持，劳动学会是留法勤工俭学会的领导核心。赵世炎多次对李立三等表示，最可靠的发展方向是自己组织起来，储备力量发展力量。于是，在留法勤工俭学会内部还成立了以赵世炎、李立三为首的领导机构——勤工俭学委员会。

由于留法勤工俭学会的成立，赵世炎"组织起来，自己救自己"的主张，很快传到法国各地的中国学生中，大家纷纷来信响应。时年40多岁的教育家徐特立、黄齐生也以普通学生的身份，要求加入留法勤工俭学会。这时蔡元培来到巴黎，赵世炎亲自登门拜访，并向他讲明了勤工俭学的具体困难，得到了蔡元培的同情和支持。

1921年4月，赵世炎获得了进施耐德铁工厂做工的机会。当时，在法的华工近20万人，他们是被北洋政府当奴隶出卖给法国政府的。北洋政府与法国陆军军部秘密签订合同，规定华工终身不得自由，如要恢复自由，必须每人给陆军军部缴纳600法郎，同时还要5个保人。这对惨遭资本家严重剥削和压迫的华工来说，几乎是不可能的。

了解这一情况后，赵世炎极为愤慨，认为中国领事馆简直是"岂有此理""荒谬绝伦"，而西方资本主义所鼓吹的"自由、平等、博爱"不过是一些骗人的把戏。由此，他更看清了资本主义的虚伪与丑恶。为了团结广大华工起来斗争，揭露北洋政府和法国政府对华工掠夺的罪行，他和李立三等在华工和做工的学生中组织起华工组合书记部作为领导核心，成立消费合作社和工余读书会等组织，把华工们紧紧团结起来进行斗争。后来，由于赵世炎、李立三等人多方面的联络交涉，据理力争，终于争取到部分华工脱离"卖身合同"，获得了人身自由。

1921 年 6 月，北洋政府为了推行其"武力统一"、扩大内战的需要决定向法国借款 3 亿法郎。作为借款的条件，中国将滇渝铁路修筑权和 50 年印花税与验契税等出卖给法国。而且，所借的 2 亿法郎必须"储存"于中法实业银行。说来，西方人的"狼外婆"伎俩与手腕真是"高明"，因为当时的中法实业银行由法国人经营，已濒临破产，其亏损金额正好是 2 亿法郎。也就是说，钱是借给中国的，高额的利息当然由中国来付，但实际"救助"的却是法国自己的银行。想不到，为了讨好巴结法国，北洋政府竟然会做出这种卖国的勾当！

尽管中法当局严密封锁消息，但是由于法国财团之间利益分赃不均，相互争执不下，结果还是泄密了。消息在巴黎传开后，所有在法国勤工俭学的学生和华人华侨，无不义愤填膺，怒不可遏，一致抗议，立即掀起了一股不可遏制的爱国热潮。

这时，赵世炎、周恩来等联合巴黎的中国留学生联合会、华工团体及国际和平促进会等团体，立即组成了拒绝贷款委员会。在拒绝贷款委员会的成立大会上赵世炎慷慨陈词，提出了3条对策：为磋商全体反对之办法；预防将来借款之阴谋；宣布对于法国之态度。会后，还公开发布了"拒款宣言"。宣言号召中法两国人民联合一致，反对这一危害中法两国人民利益的借款。

这次大会赢得了法国舆论界正直人士的广泛支持，不仅鼓舞了大家的斗志，对中法反动势力也是一个沉重的打击，迫使中法秘密借款谈判不得不暂时搁置下来。

但是不久，中法双方谈判又秘密恢复了。旅法华人得知这一绝密消息后，又群情激奋，舆论哗然。赵世炎、蔡和森和周恩来等立即组织召开拒款大会，愤怒的学生在会场将被迫前来参会的驻法公使秘书王思曾痛打了一顿，坚决反对北洋政府向法国借款。法国政府害怕事情闹大，只得宣布暂缓借款。

就这样，由赵世炎、周恩来等人领导的长达两个多月的拒款斗争终于取得了胜利。当时，许多勤工俭学学生欢欣鼓舞地把这次拒款斗争称为"国外的五四运动"。

拒款斗争虽然取得了胜利，但不久后发生的"进占里大"事件却失败了。

那是 1921 年夏天，无政府主义者吴稚晖等人以勤工俭学的名义募集了一笔款子，又以照顾勤工俭学学生名义向法国政府索回了庚子赔款的一部分，在里昂兴建了一所"中法大学"。

一开始，在法勤工俭学的学生们都奔走相告，满怀希望，以为"中法大学"是为他们兴办的。谁知，等学校落成后，校长吴稚晖却从国内"招收"了一批官僚、地主、资本家的子弟入学。

留法勤工俭学的学生们对此无不怒不可遏。在赵世炎、周恩来、蔡和森等的领导下，学生们很快组织起来，誓死要争回"里大"。9 月 21 日，赵世炎、蔡和森等率领从法国各地赶来的 130 多名勤工俭学学生代表"进占里大"，并推选赵世炎为总代表与校方交涉，要求得到"上里大"的正当权利。结果不仅遭到了拒绝，而且还被迅速赶来的几百名法国警察强行推上警车，送到里昂附近的军营里关押，学生们的护照也被没收了。

在被关押期间，赵世炎大声质问假惺惺跑来召开"欢迎会"的吴稚晖："为什么要关押我们？我们犯了什么罪？……为什么以照顾勤工俭学学生的名义筹款修建的学校，却只收贵族子弟，而不管勤工俭学学生？"一席话，问得吴稚晖理屈词穷，不知如何回答。

因为听说当局要将他们这些关押的学生遣送回国，赵世炎劝李立三留下来，继续主持留法勤工俭学会的工作。李立三则建议赵世炎留下，因为赵是留法勤工俭学会的负责人。经过商谈，最后赵世炎决定还是自己留下来。于是，一天正好有个在外面的勤工俭学学生来兵营探望大家，而他所持的是两个人的通行证。于是，赵世炎灵机一动，便钻空子和这位同学拿着这张通行证巧妙地"混出"了兵营，继续留在法国进行学习和斗争。

从关押的兵营逃出来后，因为没有护照无

法在巴黎存身，赵世炎便前往华工最多的法国北部。在那里，一边从事艰苦的劳动，一边团结和"赤化"华工，向他们宣传马列主义和社会主义的真理。

通过这段时间的劳动和生活，赵世炎对工人阶级有了更为深刻的了解，并极为深刻地认识到：要革命，必须依靠工人阶级。

早在赴法前，赵世炎就在国内协助李大钊参与了筹建中国共产党的活动。到法国后，他一直和国内党组织保持着密切的联系。1920年，与李大钊一起最早创建北京共产主义小组的张申府赴法时，陈独秀委派他在法国筹建共产主义小组。1921年春，赵世炎接到陈独秀关于建党的来信，在巴黎同张申府、周恩来取得了联系。1921年3月，根据国内党的发起组的意见，成立了旅法共产主义小组。

1922年6月3日，赵世炎、周恩来、陈延年等在巴黎召开了旅欧中国少年共产党成立大会。最后，大会选举了旅欧中国少年共产党执行委员会，赵世炎担任书记，周恩来任宣传委员，李维汉

任组织委员。

赵世炎被选为书记是因为他在留法勤工俭学学生中有很高的威信。当时就有人开玩笑称他为"桀聂拉耳"（法语，将军的意思），称赞他的组织领导能力很强。和赵世炎曾一起勤工俭学的聂荣臻回忆说："在法国的时候，开大会总是选他作主席，他发言能抓住中心，有条理。接触过他的人，不管男女老幼，都与他合得来。他和蔼可亲，而在重大问题面前又显得很严肃，原则性很强，在艰苦的时候，他总是表现勇敢，不避艰险，我们都很崇拜他。"

04 在莫斯科的熔炉里

1923年3月，为了培养革命干部，根据国内党组织的指示，赵世炎、王若飞等带领一批革命青年骨干前往莫斯科东方大学学习。能够前往向往已久的新生社会主义国家苏联学习，这是赵世炎梦寐以求的心愿。所以，听说要去莫斯科这座红色熔炉接受锻炼，赵世炎不禁心潮澎湃。临行前，他特地登上巴黎埃菲尔铁塔，极目远望，赋诗一首，这就是有名的《远望莫斯科》：

我们站立在巴黎铁塔顶上，

高处不胜寒，一片茫苍苍。

翘首远望，遥指北方，

万千风光，令人神往！

听呵！列宁在演讲，人民群众在拍掌，

《国际歌》响震云霄，欢呼口号声若狂。

看呵！满天大雪，无数红旗飘扬；

工农武装，打倒了沙皇，赶走了豺狼，

肃清着奸匪，保护着党，

让我们齐声高呼：共产主义万寿无疆！

　　这是一首明白晓畅的政治抒情诗，感情热烈真挚，诗中处处洋溢着革命的乐观主义气息，充分表达了对俄国十月革命的由衷赞美和对共产主义事业的美好憧憬。

　　4月初，赵世炎一行12人终于来到了莫斯科，到车站来迎接他们的有萧三，他是1922年年底来的东大。还有任弼时等中国学生。除了萧三，尽管这以前大家都素昧平生，但初次见面，都有一见如故的感觉，大家在一起互相握手，自我介绍，相互拥抱，那情形看上去仿佛久别重逢的亲人。

　　仔细想想也是，大家都是为了一个共同的目

标来到这里，如今在十月革命的红色故乡走到了一起，这种激动和喜悦的心情是完全可以理解的。

"你就是任弼时啊！我们久闻大名了！"一见面，胖胖的王若飞就激动地拥抱着任弼时说。

"我早就写信叫你们快来东大学习，这里的条件要比法国好很多。"任弼时也激动地笑着说。

"听说你俄文很好，我们这一来，学习上你可要多帮助啊！"赵世炎这时也笑着插话道。

"放心吧！这里好比大家的家，我们互相帮助，你们一定会学得很好的！"

才刚一见面，大家就成了兄弟，成了战友。这让赵世炎对于即将开始的新生活，充满了无比的喜悦和自信。

东方大学，全称是莫斯科东方劳动者共产主义大学，开办于1921年秋，是一所专门培养革命干部的政治学校。学校的主要任务是为苏联东部地区培养民族干部，也为东方各国培养革命人才。斯大林担任名誉校长，学生多数是农民和工人，也有一些学生、职员和知识分子。东大校园环境优美整洁。站在宿舍大楼的五层，可以尽情地眺望普希金广场。师生们经常三五成群地来到普希金广场，在普希金铜像前漫步或留影，在沉思着的普希金像前吟诵普希金深情而火热的战斗诗句。

那天晚上，中共旅莫支部委员会召开了一次支委会，听取赵世炎汇报情况。赵世炎首先介绍了中国留法勤工俭学学生的状况和旅法华工的处境，又汇报了旅欧共产主义青年团的工作和华工运动的进展情况。最后，他着重谈了这次一起来苏学习的 12 个人的具体情况，他们的性格特点、兴趣爱好以及能力与才干，等等。在汇报时，赵世炎虽然没有准备发言稿，却说得头头是道、条理分明而又要言不烦，以至在座的每一个人都听得津津有味，对他的口才都感佩不已。等赵世炎汇报完先离开会场后，中共旅莫支部书记罗亦农激动地对大家说："世炎同志是我们党将来的一把好手！"

过了 10 天，中共旅莫支部召开全体党员大会。罗亦农介绍赵世炎、王若飞、陈延年、陈乔年等人和大家一一见面。会上，赵世炎被补选为中共旅莫支部委员。在报告党在欧洲活动的情况时，赵世炎说："目前我们党在西欧的活动，无非是宣传中国共产党的政策和主张，实际上都是在青年方面进行工作……"这次全体党员会议明确提出，我们来俄的目的就是学习马克思主义，学习革命经验，训练自己成为很好的共产主义者，回国后"代表无产阶级活动"。因为我们大多数出身于非无产阶级，有许多"天然的"坏毛病，如无政府状态，不守纪律，"如不好好地训练自己，将来必感困难"。

也正是基于这样的认识，大家都自觉地把莫斯科当成了一座革命的熔炉，希望在莫斯科的熔炉里，利用这次难得的学习机会，好好冶炼自己，锤炼自己，经过淬火，百炼成钢。

为了培养革命意志和锻炼严格的组织纪律，党、团支部制定了详细而具体的训练计划，对大家提出了严格的要求：在思想和研究方面，强调系统化，即树立革命的人生观价值观，反对宗法观念、乡土观念和小资产阶级的浪漫习气；在行动方面，强调纪律化，反对无政府主义；在生活方面，强调集体化，即服从大局，个人利益服从团体利益，开展批评和自我批评，树立团结一致，刻苦耐劳，不表功、不畏难、不苟安的作风，随时准备回国服务，随时准备为共产主义英勇献身。

赵世炎非常珍惜这一难得的学习机会，抓紧一切时间刻苦学习。学校开设的课程主要有政治经济学、唯物史观、十月革命史、俄共（布）党史、世界革命史，还有俄文等。上课时，他总是认真听讲，他的笔记总是记得最多，很有条理，非常详细。据当年和他一起学习过的彭泽湘回忆："那时东大的宿舍，学生们早起晚睡都有一定的时间；可是他是比规定起床时间更早一点起来的一个；……每当清晨我睡醒时，睁开眼睛就看到他已头戴压发网，身穿淡黄色衬衣或淡蓝色衬衫，敞着领口在那里整理床铺了……等到大家都起来时，他已坐在床边或靠在那里看国际通讯或报纸了。他对学习的时间比一般同志要抓得紧一些，他看书的时候总是全神贯注，绷着脸，眯着眼睛，有时用手搔搔脑袋或摸摸下巴，一副庄严的神气。"

除了认真学习老师在课堂上讲授的内容外，课后他还大量阅读一些德、英、法等国文字的马克思主义经典著作，并广泛阅览学校图书馆以及自己订阅的《国际通讯》《共产国际》《经济与政治》等书报杂志。阅读时，他不仅认真作读书笔记，还总是喜欢和王若飞、陈延年、陈乔年等联系实际，交流读书心得体会，共同探讨一些热点难点问题。

在东大学习期间，经常进行小组讨论。几乎每次，赵世炎都被推选为小组组长，简直成了"小组长专业户"。究其原因，当然是大家都公认他很有组织能力，非常擅长主持会议，在讲话时很有思想，很有条理，很有气势，且很善于把大家争论不休的问题统一起来，归纳出一个比较令人信服的结论。很有意思的是，每次赵世炎当小组组长时，被推荐作会议记录的都是王若飞，因为他记得快、记得全，字又工整。每次，他俩都是小组讨论会上的一对公认的好搭档。

东大的管理很严，不仅对学生的学习抓得很紧，而且对他们的生活也管得很严。但东大并不是依靠学校的某个部门或班级的辅导员来实施对学生的管理，而是主要依靠定期召开支部大会或党小组会通过让学生（党员）开展批评和自我批评来加强相互约束，有效实行自我管理。

赵世炎是个党性很强、坚持原则的人。在每星期召开党小组会过组织生活时，他既能毫不迁就地指出别人的缺点错误，也能虚心接受别人的批评和帮助。这天，在开党小组会时，有人批评他："裤子上掉了一个扣子，也不及时钉上，被外国人看见了像什么样子？"

按说，这只是一件小事，原本不值一提，但既然有人提出来了，赵世炎便歉然一笑，表示虚心接受，会后立即找人借来针线。

赵世炎为人谦和，乐于助人，与同学相处关系都很不错。平时，他无论学习多累，工作多忙，只要有人有事找他，他总会尽己所能给予帮助。而且，他虽然学习非常刻苦，但绝对不是一个只知死啃书本的书呆子，每当学习累了的时候，他很喜欢与同学们聊天、说笑。也许是自觉平时学习坐得太多太久，每当聊天、说笑的时候，他总是喜欢站在那里，双手插在裤子口袋里，而当说到激动处，则会不自觉地从裤子口袋里抽出双手，像个演说家似的不停地做着手势。他的口才极好，说话风趣幽默，虽然很有激情，但却从不夸张做作，因而很能感染人，鼓舞人，就因此，同学们都亲切地称他为"演说家"。

尽管善于演说，口才极好，但赵世炎却从不夸夸其谈，绝对不是那种"墙上芦苇，头重脚轻根底浅；山中竹笋，嘴尖皮厚腹中空"的人，平时，他虽然很注重理论学习，酷爱读书，但却十分注重理论联系实际，特别注重用学到的理论知识来研究和分析现实中的问题。上东大之前他就比较注重实际，经过东大的系统学习，当他初步掌握了马克思主义的基本原理，他就更加注意理论联系实际，自觉运用马克思主义的世界观和方法论以及辩证法来分析问题和解决问题了。

在仔细研究苏联和几个帝国主义国家的政治、经济、历史等方面的情况的基础上，赵世炎写了篇《苏联与美国》的论文，发表在 1924 年的国内中共中央的机关刊物《向导》周刊上。同年 7 月，《向导》周刊又连载了他长达万余字的论文《世界第一名帝国主义者——英国》。文章通过深刻地解剖英国这种老牌帝国主义国家的政治经济状况，揭示了一般帝国主义的侵略本质。赵世炎认为：一切为了商业利益，是帝国主义的本质，是帝国主义骨髓之所在。在他看来，中国革命的任务首先必须是打倒帝国主义。帝国主义不打倒，一切军阀官僚是打不倒的。中国人民也是万难得到解放的。

在东大，赵世炎学到了许多马克思列宁主义的理论，特别是关于党的建设方面的丰富经验，进一步坚定了对马克思列宁主义的信仰。

的确，一点儿也不夸张地说，在莫斯科学习的那段时间，是赵世炎"系统化学习""全面性改造"的重要时期。如果说，在这以前，他虽然是一个年轻的革命者，很早就参加了革命，但其实，严格说来，还只是一个自发的、"不自觉的革命者"，他的革命还只是一种天性、一种本能，而现在，经过莫斯科这座红色熔炉的冶炼、锻造与淬火，他已经成了一个自觉的革命者、一个有着坚定政治信仰和较高理论水平的革命者了。

赵世炎听先来的同学介绍，十月革命后，由

于帝国主义的联手封锁与制裁，新生的苏维埃经济一直都很贫困，"克勒巴"（即面包）问题一直都是苏俄很严重的问题，以致到今天，许多苏联人民都在忍饥挨饿，各级政府一直都在花大气力解决人民的"吃饱饭"问题，即便是列宁也严格执行政府的配给制度，每天只领 0.75 磅面包，和普通党员领到的一样多，一点儿也不搞特殊化……尽管这样，但对来东方大学学习的外国学生，苏联政府和共产国际还是尽己所能，尽力照顾。

"学校的生活虽然还很艰苦，但与那些还在挨饿的苏联人民的生活相比，已经算是很不错了！"那位先来的同学感慨道。

听了这位"学兄"的介绍，赵世炎心中生出许多感慨，更对列宁领导下的苏维埃充满了感激与爱戴。是的，在莫斯科东方大学学习，吃饭、穿衣、住房都是学校供给，理发、洗澡等全部都免费，看电影、看歌剧也由学校统一发票，此外，还发给学生每人每月一元五角新卢布零花钱。这对于像赵世炎、陈延年、陈乔年等在法国经历过"经济无着，求学无门"苦难生活磨难的人来说，这儿的生活实在是太优越太幸福了。

"我一生未曾有过这样好的生活!"有一天,陈延年在吃饭时指着饭菜对赵世炎等人大为感慨地说。

赵世炎也深有感触,他动情地说:"是啊,苏联人民并不富裕,但却如此关怀我们,我们要加倍努力学习!"

1924年的新年晚会上,中国班的学生们演出了一场以二七大罢工为题材的独幕话剧。编剧是萧三,彭述之扮演吴佩孚。当刘少奇穿着一件破烂衣服,扮演林祥谦在台上大声喊道"头可断,血可流,工不可复"时,赵世炎和任弼时、陈延年等中国班的同学一个劲地热烈鼓掌。

演出结束后,赵世炎发表讲话,他满含深情地说:"戏演得太好了!非常教育人。苏联这里虽好,但不是我们的久留之地,我们战斗的地方在祖国。我们要早日学成归国,投身火热的革命斗争,为祖国的新生贡献力量!"

1924年夏天,共产国际第五次代表大会和赤色职工国际大会在莫斯科召开。中共中央委派李大钊、王荷波等赴莫斯科参加了这次会议。为了了解各国的斗争情况和学习他们的革命经验，李大钊特地从东方大学选调了几个学习成绩好、工作能力强的学生列席这两个会议。赵世炎成了李大钊首选的对象。

共产国际第五次代表大会讨论的重要问题之一，是如何建立基层共产党组织。赵世炎对这一问题特别感兴趣。因为这个问题常常涉及工厂建立的支部和小组，以及如何开展工会工作，而且也牵涉到农民的政策和统一战线，这对当时的共产党有着特别现实的意义。因此，会议期间赵世炎格外忙碌。除参加大会听报告、参与讨论外，他还经常到德国组、意大利组、法国组去旁听，并把这些组讨论的情况记录下来向出席这次会议的李大钊汇报。与此同时，他还要担任这次大会中国组的翻译工作，因而经常忙碌到深夜。然而，他总是精力充沛、兴致勃勃，且从无怨言。

在莫斯科重新见到赵世炎，发觉经过留法勤工俭学的锻炼，特别是在莫斯科这座红色革命的大熔炉里经过系统的马克思列宁主义理论学习，无论

在莫斯科的熔炉里　　065

是在实践还是在理论方面，都已具有较丰富的经验和较高的水平，李大钊非常高兴。因为在国内，国共合作后，中国革命形势一日千里，急需大批的中共党员干部，特别是需要像赵世炎这样有一定理论水平又有组织活动能力的同志回国担任领导工作。所以，大会结束后，李大钊特地点名要赵世炎回国参加工作。"我已写信给中央，要求让世炎到北京去工作"，他对与会的代表们说。

"世炎，跟我回国吧。党需要你，祖国需要你！"那天，李大钊和赵世炎谈了很久，最后，他拍着世炎的肩膀说。

此时，赵世炎尽管很想继续留在莫斯科学习，为了革命的需要，他还是听从组织的召唤，愉快地服从党组织的决定，立即中断了学习启程回国，积极投身到当时中国如火如荼的大革命的洪流中去，如同毛泽东在一首诗词中所说的那样，渴望着"到中流击水，浪遏飞舟"！

想到自己明天就要离开莫斯科，动身回到阔别已经 4 年多的祖国，像一个战士就要走上战斗的前线，那天晚上，赵世炎既激动，又喜悦，真正是思绪万千，踌躇满志。

此时，从莫斯科的红色大熔炉里"出炉"的赵世炎，不用说，已经成为我党早期著名的理论家和活动家，就像高尔基笔下所赞美的"勇敢的海燕"，就要飞回到祖国，"勇敢地，自由自在地，在泛起白沫的大海上飞翔！"

红楼的灯火

对北京，赵世炎一直有一种很特殊的感情。当年，正是从四川来到这里，他才渐渐从自发到自觉，真正有意识地投身革命，成为一个立志报国的革命者的。而现在，重新回到北京，他已是一个有着较高思想觉悟和领导水平的革命的领导者了。"看着赵世炎那魁梧的身材、睿智的双眼"，赵世兰、赵君陶"姐妹俩心里着实喜欢，而更使她们惊讶的是他的那些对时局独特的分析，和马列主义的水平。他哲理深邃，言论精辟"。

1924年的中国虽然早已推翻了封建帝制，但依然国事蜩螗，危若累卵。国家依然处在封建军阀和外国列强的双重压迫下，瓜剖豆分，风雨飘摇。回到北京后，他先被任命为中共北京地委书记，后来成立中共北方区委，又集数职于一身，担任北方区委宣传部部长、职工运动委员会主任兼中共北京地委书记等。

中共北京地委是北方的中心地委，除领导北京市工作之外，还指导天津、唐山、张家口、沈阳以及内蒙古等地的工作。在近两年的时间里，赵世炎在李大钊的直接领导下，积极领导群众开展反帝反军阀的斗争，工作深入细致，很有成效，成了李大钊的得力助手。

赵世炎十分重视党的组织建设。他认为，要搞好革命工作，"头一件事就是需要一个铁的纪律的无产阶级政党"。他特别注重在工人和农民中发展党员和党的组织。回到北京后，像过去在西欧时一样，他经常深入工人中，与他们拉家常、交朋友，把群众运动中涌现的积极分子吸收入党。著名的工人运动领袖苏兆征，还有赵世炎当年在法文专修馆学习时的老师吴玉章等，都是在这个时期由赵世炎作为入党介绍人，加入中国共产党的。

为了教育引导广大青年学生信仰马克思主义，走上革命的道路，赵世炎经常深入北京大学、北京女子师范大学及他的母校高师附中与学生谈心、作公开演讲、开座谈会，向他们宣传马克思主义，揭露帝国主义和封建主义的丑恶本质和罪恶行径，鼓励和动员他们加入中国共产党，投身中国革命。

那期间，他曾多次到女师大给"干训班"和"女星社"的学员讲课。有次，姐姐赵世兰还专门请赵世炎给她们女师大的进步同学，包括学生会主席刘和珍在内的十几个好朋友讲课，讲马列主义，讲妇女解放。针对女学生中存在的认识问题，赵世炎对她们说："妇女解放是全人类的解放的一部分，妇女要求得自身的解放，必须参加到火热的斗争中去，和男人一起，担当起解放全人类的光荣任务。"赵世炎的讲话总是很有激情，很有哲理，而且通俗易懂，很能打动人。在他的宣传教育和影响下，"女星社"的一些成员先后加入中国共产党。

赵世炎还十分重视对少数民族青年的教育培养。他和李大钊、邓中夏等经常到北京蒙藏专门学校去组织发动学生。有段时间，赵世炎几乎每天都要去一次，或开大会演讲，或组织学生座谈讨论，或个别交谈，给大家深入浅出地讲解马克思列宁主义的理论，分析国内外形势。他针对蒙古族青年中存在的不满汉族压迫的心理，讲解民族压迫和阶级压迫的关系，告诉他们民族压迫实际上是阶级压迫，让乌兰夫和他的同学们渐渐明白了蒙古农民的仇人不是汉族，而是军阀、王公和帝国主义。在赵世炎等人的耐心教育和培养下，一些向往革命真理的蒙古族青年在政治思想上逐步成熟起来，认清蒙古民族的彻底解放，只有依靠中国共产党的领导才能取得。如乌兰夫、奎璧等都先后加入党组织，成为蒙古族的第一批共产党员，并在以后的革命斗争中，特别是在民族解放的斗争中，发挥了重要的作用。

有感于当时帝国主义在中国的反动宣传无所不至、无孔不入，欺骗、愚弄中国人民，以致大多数中国人无法认清帝国主义的反动本质，赵世炎非常重视党的宣传工作，渴望通过舆论宣传唤醒"沉睡的中国"。为了加强党的宣传工作，提高群众觉悟，传播革命思想，北方区委创办了机关刊物《政治生活》周刊，赵世炎亲自担任主编工作。《政治生活》具有很强的战斗性，在工人、学生以及先进的知识分子中广为流传，每期发行量都在数千份。

就连鲁迅先生也很喜爱这份刊物，是当时该刊的热心读者之一，即便是在后来的白色恐怖中，他也一直保存着两期《政治生活》刊物，且不时拿出来翻阅。每次看时，鲁迅先生总是拍案叫好，称赵世炎是五百年一见的奇才。

由于当时白色恐怖，警探特务密布，办刊物、印传单非常危险，出于安全考虑，赵世炎他们不得不经常改换印刷厂，而有些印刷厂因为害怕惹祸，根本就不敢承印这些"危险的印刷品"。这期间，为了及时宣传中共的主张，赵世炎和李大钊真是煞费苦心。最后，他们决定自己创办一个秘密印刷厂。后来，费尽周折，这个印刷厂由陈乔年负责创建，开始设在广安门内，叫昌华印刷厂，专门招收一些因罢工被资本家开除的印刷工人，白天承印一般稿件，晚上则秘密印刷党的报刊和宣传品。为了不被敌人发现，后来印刷厂多次迁移新址，并更换厂名，前后开办了一年多时间，为确保《向导》和《政治生活》等党的刊物在北京及时、按期出版，并印发大量传单宣传和动员群众起来斗争发挥了极为重要的作用。

1912 年，京师大学堂改称国立北京大学。从1916 年起，学校在沙滩兴建学生宿舍楼，因整座建筑通体用红砖砌筑，红瓦铺顶，故称"红楼"。1918 年 8 月红楼建成后，改用作北京大学校部、图书馆和文科教室，是北大文学院所在地。正是这座红楼和它北面的操场，曾经是 1919 年伟大的五四爱国运动的策源地。也是在这里，以李大钊、陈独秀为代表的中国早期马克思主义者曾经播撒了中国革命的火种。

当年，在北京高师附中读书时，赵世炎就是北大红楼的常客，如今，红楼成了北京地委机关所在地，党委机关的刊物《政治生活》周刊也在这里发行，赵世炎俨然成了这里的主人。虽然，他的家住西城，但因为工作异常忙碌，而且，夜里经常要熬夜为《向导》和《政治生活》撰写文章，他几乎经常在红楼里过夜，用红楼的灯火照亮一个又一个不眠之夜，撰写了一篇又一篇犹如匕首和投枪的政论文章，仅《政治生活》就先后刊载过他的 50 多篇文章。他的文章思想深刻、观点鲜明、针砭时弊、笔锋犀利，深受党内外进步青年喜爱。

《救国时报》称颂他："赵先生为有名的北方政治评论的主编，其言论风采为一般青年所景仰，赵世炎之名遂洋溢于全国。"据当年和他一起工作过的人回忆说："赵世炎能说能写能干，既是一个理论家，又是一个实践家。"

为了提高青年党、团员的思想觉悟和政策水平，在赵世炎的倡导下，北京地委开办了小型的秘密训练班，还与共青团北京地委利用学校寒暑假期合办小型学习班，对青年党、团员进行党的方针政策以及马克思列宁主义理论方面的培训。对这些培训班、学习班，赵世炎非常关心，每次，他都会抽时间去为学员们讲课，并积极参加他们的座谈讨论，认真解答他们提出的问题。中共北方区委成立后，创办了一所秘密党校。这是中国共产党创办的第一所党校，学员们大多来自北京及周围地区。赵世炎经常应邀去讲"列宁主义""帝国主义论""殖民地半殖民地的民族解放运动""共产党在民主主义革命阶段的任务""职工运动"及"无产阶级革命和无产阶级专政"等课程。他讲课深入浅出、活泼生动，且富有鼓动性，因而受到大家的欢迎。

"自从世炎同志到北京工作之后，北京和附近城镇的工作和工人运动都有了很大的发展。城内工厂少，党的主要工作是对着青年学生。北京党的组织很快由原来的东城、西城两个支部增加了几倍，并在各大学都建立起团的组织。世炎同志深入到工人和学生中去，并通过各种方法在社会青年中宣传马列主义，引导他们走上革命的道路。"李大钊曾称赞他：世炎脑子快，很多问题对我很有启发。

1924年11月，冯玉祥在北京发动政变，推翻了英美支持的曹锟、吴佩孚政府，驱逐溥仪出宫，并联合奉系军阀张作霖和皖系军阀段祺瑞组成了一个新的政府。之后，冯玉祥发表通电，邀请孙中山北上共商国是。有日本人作靠山的段祺瑞知道自己单凭武力是无法统一中国的，于是便妄图拉拢孙中山共同对付代表英美帝国主义利益的军阀吴佩孚，这种时候便也故作姿态，邀请孙中山北上。

对于孙中山先生的北上，当时国内各党派意

见分歧。中国共产党审时度势，提出坚决支持孙中山北上，尽快在北京召开国民会议预备会议，并指出召开国民会议的目的是：对内成立人民政权，结束军阀统治；对外废除不平等条约，反对帝国主义的侵略。

根据党的指示，赵世炎积极支持孙中山北上。他撰文说，孙中山北上是接近北方民众，把革命从广州推向全国的一个极好的机会，但他希望孙中山一定不要同帝国主义和军阀妥协，到北京后的态度应当是"合则留，不合则去"。在《国民会议呢？军阀独裁呢？》一文中，他大声呼吁：

爱国的国民啊！

起，起，起来为自由而战！

不久，在另一篇文章中，他又大声疾呼：摆在中国人民面前的"只有两条路可走，革命或死！"

孙中山接电后，在韶关电复冯玉祥，答应北上。他认为，随着全国民主情绪的高涨，可以以此使全国振奋起来，召开国民会议，取消军阀和同外国签订的一切不平等条约，建立一个统一的民主的新中国。

赵世炎知道这一消息后，异常高兴，他号召北京人民站在革命立场上，对孙中山北上热诚地欢迎。

12月4日，孙中山乘日轮"北岭丸"抵达大沽口，并于当天到了天津，受到两万多群众的热烈欢迎。

中共北京地委书记赵世炎也特地前往天津迎接，并在群众欢迎大会上发表讲话。他说召开国民大会共商大计，和平建国，是全国民众的愿望；只有废除不平等条约，才能建立一个独立、民主的国家。孙中山的主张代表了全国百姓的意志，代表了中华民族的希望，展示了中华民族的生机。

这天，赵世炎的发言引起了大家的共鸣，赢得了阵阵掌声。

孙中山北上获得了中国共产党以及中国民众的热烈欢迎，但他沿途多次发表反对帝国主义、反对军阀以及主张废除一切不平等条约的演讲却让帝国主义和反动军阀十分惊慌和害怕。于是，几十家

受帝国主义控制或支配的报纸一起发动攻势，污蔑孙中山"赤化""过激""倾向共产党"，妄图以此来削弱群众对孙中山的信任。

1925年1月，孙中山到达了北京。张作霖、段祺瑞企图迫使孙中山放弃"联俄、联共、扶助农工"的三大政策。日本帝国主义的喉舌《顺天时报》也把孙、段比作中国的双璧，希望二人合作共负改造中国之责任。

面对这一情况，赵世炎和李大钊经常在一起商讨，并召开会议，讨论了召开国民会议促成会全国代表大会的问题。为了揭露段、张的阴谋，赵世炎发表了一系列文章，对时局进行分析。他规劝国民党人以及一切爱国之民众要振作精神，在这千钧一发之际要认清方向，到群众中去，依靠群众的力量来解决中国革命的问题。在《段祺瑞来京之后》一文中，他一针见血地揭露道："段、张于胜利之初虽有摒孙之驱向，但最近又不得不用拉拢之策。此策之作用一面在破孙、冯之联合；一面在使孙弃其对外废止不平等条约之主张。"

在中国共产党和全国民众的支持下，孙中山

当时在病中断然拒绝了段、张的要求。那天，他严词斥责段祺瑞派来迎接他的许世英和叶恭绰，他问："我们和外国之间的条约都是不平等条约，列强要求尊重这些条约，听说执政府已照会答允，有无其事？"许、叶两人不敢隐瞒，回答确有其事。

孙中山勃然大怒道："我在外面要废除不平等条约，你们在北京偏偏要尊重那些不平等条约，简直太不对了。你们要升官发财，怕外国人，尊重那些压迫我们、剥削我们的不平等条约，为何又要来欢迎我呢？"

许、叶两人无言以对，狼狈而出。

由于过分愤怒，孙中山病情加重，医生对此束手无策。

2月1日，段祺瑞不顾人民的反对，悍然召开了他们一手操控的"善后会议"，企图用这个完全由全国各地军阀头目和官僚政客组成的御用会议来与共产党、国民党号召召开的国民会议相抗衡。这种卑劣的伎俩立即激起了全国人民的极大愤怒和强烈反对。为了同段祺瑞的"善后会议"进行斗争，中共北方区委组织了两次群众性的示威游行，揭露段祺瑞的阴谋，与此同时，还开展了更大规模的召开国民会议促成会的宣传活动，除在街头演讲外，李大钊、赵世炎等还轮流在北大、师大、美专等学校进行了演讲。

赵世炎在北大演讲时，学校的操场上挤满了人，会场上到处飞舞着红绿传单。他站在中间的讲台上高声说道："段祺瑞花了许多钱，挨了许多骂，甘冒违反民意的大不韪，拼死命去召集的善后会议已经开了一个月了。虽然——"说到这里，他停顿了一下，大家一起望着他，静静地听着："段祺瑞异常狡猾，他本想些鬼方法来骗人民，谁知召来的鬼除了糊涂鬼外，还有些捣乱鬼，他招了鬼来打自己的头，真是冤透了。"

听到这里，人群中发出了一阵笑声。因为激动，赵世炎的脸涨得通红，他挥挥手，像当年列宁在 1918 年时的演讲，在空中画了一个大大的圆圈，然后结束他的演讲："善后会议不惟不能有利于人民，并且不能有利于段祺瑞；不惟不能善后，连现在当前的事都应付不了；不惟不能有效果，而且连装点门面的资格都不够。最后我们敢于大呼："善后会议破产了！'"

台下的人这时也举起拳头，高呼："善后会议破产了！"

为了与段祺瑞作针锋相对的斗争，中国共产党与国民党共同发起国民会议促成会全国代表大会。大会于1925年3月1日在北京大学三院大礼堂举行开幕式。参加会议的各界代表200多人，代表全国20多个省100多个地区的国民会议促成会。赵世炎是参加会议的中国共产党的党团书记，在大会上，他先后作了4次报告，指导了会议的进程，对会议的圆满成功起到了积极作用。在报告中，赵世炎代表中国共产党强调：中国已成为国际帝国主义的殖民地，所以，中国的革命首先在打倒帝国主义。当国民会议促成会在讨论反对帝国主义、废除不平等条约时，国民党右派亲日派戴季陶主张只反对英帝国主义。赵世炎则坚持必须反对一切帝国主义，废除一切不平等条约，保证中国在国际上的完全独立。由于赵世炎等中共代表的据理力争，大会最后重申了废除一切不平等条约和打倒军阀的口号。

在这次大会上,赵世炎充分展示了他的演讲口才与政治才干。国民党左派路友余是大会负责人之一,他对赵世炎钦佩不已,那天由衷地对朱务善说:"赵世炎真是你们党的人才咧!"

然而,就在大会召开期间,由于长期艰苦的革命活动积劳成疾,加上这次北上车马劳顿、深受刺激,3月12日,孙中山先生因肝癌医治无效,与世长辞。

革命尚未成功,突然失去了孙中山这样一位德高望重、百折不挠的伟大人物,这对苦难深重的中国以及中国革命是一个莫大的损失!

一时间,全国人民都沉浸在沉痛的哀悼中,在为孙中山守灵并带领北京的共产党和共青团组织以及群众近30万人连续3天举行悼念活动之后,赵世炎又在《政治生活》上连续发表文章,沉痛悼念孙中山。他说:"孙中山是创造民国的元勋",他大声地告诫民众:中山虽死,中山的主义仍存,打倒帝国主义,打倒军阀的口号仍存,国民奋斗、国民救国的呼声仍存。只要民众本着孙先生的遗命，坚持他的主义，振作精神，努力奋斗，中国革命仍然可以成功，民众仍然可以得救。

那些天里，为了撰写这些悼念文章，他经常待在北大的红楼里，奋笔疾书，以至他的那间办公室里经常通宵亮着灯火。

而他的那些饱含着深情与真知灼见的文章也像这"红楼的灯火"，为黑夜里的中国放射着光芒，照亮了革命的道路。

革命者的爱情

06

自从震惊中外的二七惨案发生后，封建军阀开始更加肆无忌惮疯狂地镇压革命运动。很快，几乎整个国家都笼罩在白色恐怖中。

当时的北京，段祺瑞政府到处布置暗探，大肆追捕革命者，党的活动更加困难了，稍有不慎，就会遭到逮捕，甚至惨遭杀害。

一天，赵世炎身着一套灰西服，头戴一顶方格呢鸭舌帽，在街上行走时，发觉自己被特务跟踪。于是他竭力在人群中穿行，想把特务甩开。但他东拐西拐穿行了半天，都没有把特务甩开。

在这紧急关头，突然对面过来一个和他打扮得一模一样的青年。就在赵世炎发愣时，那青年已走到他身边并小声说道："你快躲进饭馆去，我来对付。"说罢，那青年便回过身去，故意显得有些

慌张地跑开了。赵世炎闪身躲进饭馆，透过玻璃窗，看到特务正在那个青年后面紧追不舍，他顿时明白了这个青年的用意。

青年大步流星很快就跑到了女师大校门口，眼看就要走进校园，这时特务便气喘吁吁地跑上来对他大喊："站住！"

这个青年假装吓了一跳，回过头来问道："你在叫谁站住？"

"就是叫你！"特务扬扬得意，以为已经抓获了"猎物"。

"你凭什么叫我站住？"那青年忽然摘下帽子，一头乌黑的秀发瀑布般顿时散落下来，"你想要耍流氓吗？"

"啊？！"特务大吃一惊，原来这个戴方格呢鸭舌帽的青年是个女孩，顿时灰溜溜地走了。

事后，赵世炎才知道，这个女孩名叫夏之栩。

"谢谢你，帮我甩掉了'泥巴'！真是太感谢你了！"赵世炎真诚地说。"泥巴"是当时北京地下党给那些暗探起的绰号。停了停，他又好奇地问："你是怎么知道我会被特务跟踪而且又是那样一身打扮的呢？"

夏之栩笑而不答，忽然低下头，满脸绯红。"真傻，这还用问吗？"她心里这样想，嘴上却没有说。

原来，夏之栩，这位时年十七八岁的少女，心里早就爱恋上赵世炎了。

夏之栩祖籍江苏常州，父亲在四川做官时生下她。后因父亲早逝，才5岁半的她不得不跟着年轻守寡且毫无经济来源的母亲坐船扶棺，返回江苏常州故里。可是，船到武昌，盘缠用尽，又正好赶上辛亥革命爆发，长江上战事频发，母女俩只好在武昌落下脚来。从此母亲帮人缝缝补补，做些手工活儿，不仅挣钱糊口，还设法节省些钱供女儿上学读书。

夏之栩完全可以说是个年轻的"老革命"。她1918年考入湖北女子师范学校，受到中共一大代表陈潭秋等人的影响，开始接受革命思想，积极参加革命活动。1922年5月加入中国社会主义青年团，1923年1月转入中国共产党。介绍人就是陈潭秋。

那时，她家几乎成了武汉共产党组织的秘密机关。董必武、陈潭秋等人经常在这里召开秘密会议，从事革命活动。每当这时，夏之栩母女俩不仅负责放风警戒，而且还经常往返于武汉3镇，传送党的秘密信件。夏之栩机智勇敢，临危不乱。1924年，她的革命活动引起了反动当局的注意。一天，湖北省督军处派侦探抓她。当侦探闯进她家后，夏之栩吃了一惊，但她尽量显得镇定自若，问道：

"你们要干什么？"

"不干什么，请夏之栩跟我们走一趟！"来人眯着一双贼眼盯着夏之栩，一看这个小女孩，是个十三四岁的少女，以为她一定不是"革命党"夏之栩。

"他们并不认识我。"夏之栩想，于是心里有了底。

"噢，你们是找我姐姐呀！她一大早就出门了。请问你们是什么人？等我姐姐回来，我告诉她，让她去找你们！"夏之栩故意显得很幼稚很天真地笑着说道。

"她去哪儿了？什么时候回来？"侦探一边四处搜索，一边不耐烦地问。

"噢，我姐出远门了，说是要过些日子才能回家。"

一看面前这个小姑娘很单纯的样子，说话一笑两个酒窝，也不像在说谎，侦探叹口气，骂了一声："真倒霉！"然后，掀开门帘，悻悻地走了。

因为考虑到夏之栩在武汉已经暴露，党组织便安排她到北京开展革命活动。

夏之栩到北京后，时常出入北平的各大中学校，她和当时在女师大读书并积极参加革命的赵世兰、赵君陶姐妹俩交情深厚，并且经常到赵氏姐妹家一起商讨学生运动。赵世炎从苏联回国后于1924年秋担任了北京地委书记，但因为工作十分繁忙，很少回家，因而，一开始，夏之栩与赵世炎并不认识。直到有一天，两个素昧平生的年轻人发生了"相撞"，这才算是有了一面之缘。

那天，夏之栩刚走出赵家大门，迎头遇见一个男青年。那男青年低着头匆匆跨进大门，正好与夏之栩撞了个满怀。

"对不起！"那男青年这时抬头看了一眼夏之栩，见是个陌生女孩，便礼貌地一边站到一旁，一边有些歉意地说。

"没关系。"夏之栩见是一个风度翩翩的男青年，本能地有些害羞，边说边继续往外走。走了几步，好奇心使她转回头，看到那男青年的背影"是一个有着宽厚肩膀、个子略偏高一点的青年"。

赵世炎进屋后，问赵君陶说："九妹，刚才从咱家出去的那个姑娘是谁呀？"

赵君陶说："她就是我常向你说起的夏之栩呀！"

赵世炎想起来了，三姐赵世兰和九妹君陶都不止一次提到过她，说她多么能干。在武汉时，怎样为董必武、陈潭秋"站岗放哨"，并机智地躲过敌人的搜捕。想到这里，赵世炎脱口而出："看样子，这个小姑娘还不错。"

君陶调皮地朝哥哥眨眨眼说："什么小姑娘呀？人家可是正宗的布尔什维克，还是青年团干部哪！"

不久，李大钊召开北京东城、西城区党支部

党员大会。在会上，他指着身边的赵世炎说："这位是刚从苏联回来的赵世炎，现在担任我们北京地方执行委员会的书记。"

夏之栩朝台上李大钊介绍的那个人一看，这不正是前几天和自己"相撞"的那个男青年吗？原来他就是在莫斯科见过无产阶级伟大导师列宁同志的赵世炎啊！想到这里，她情不自禁地冲台上正襟危坐的赵世炎微微一笑。而这时，赵世炎仿佛心有灵犀，也注意到她，微笑着冲她点了点头。

也就是在这"一点头的温柔"中，两个年轻人的心里忽然都有了一种异样的感觉。

那时，党团组织经常在一起开会，夏之栩和赵世炎常有接触的机会。夏之栩汇报工作时特别稳重，说得有条有理，而且也很谦虚，因而赢得了赵世炎的好感。

1925 年年初，夏之栩被调到北方区委妇委会工作。当时北京地委机关设在中老胡同 13 号。赵世炎和夏之栩都住在机关。夏之栩参加了赵世炎开办的青年干部培训班，在那儿努力学习革命理论。每当上课时，她都托着下巴，目不转睛地看着赵世炎，聚精会神地听自己这位四川老乡讲课。这段时期的甜蜜回忆，几十年后还一直深深地刻印在她的脑海里。

冬天来了，北京的天气越来越冷，但夏之栩的心里却总是热乎乎的。她总觉得和赵世炎在一起时心里就特别踏实，特别幸福。平时，只要一静下来，她的脑海里就会浮现赵世炎的影子。如果赵世炎晚上回来晚了，她就情不自禁地为他担忧，为他焦急，总想去保护他。她想，这也许就是爱情吧。

她发觉，自己已经深深地爱上赵世炎了。

这以后，夏之栩见到赵世炎，自觉不自觉地，神情总有些不自然。有时候，连她自己都在心里骂自己，怎么这么没出息？何以这么不能控制住自己的情绪？

那期间，赵世炎总是忙于工作，几乎到哪个地方都是来也匆匆，去也匆匆。但再忙，他还是对夏之栩情感的细腻变化渐渐有所察觉，总觉得这个女孩子对自己有意思。

当时，赵世炎为了提高区委机关工作人员的

水平，平时遇到要写一些不那么急着用的材料，他便自己口述，找个工作人员帮助记录整理，然后再由自己修改定稿。这样，经过几次锻炼，机关的几个年轻人很快学会了写传单和一般的文章，写作水平普遍有了提高。这期间，不知道是有意还是无意，赵世炎也经常鼓励夏之栩动手写些有关妇女运动方面的文字材料。起初夏之栩写得不好，赵世炎就不厌其烦地帮她修改。正是在这样的时刻，赵世炎渐渐感到夏之栩情感的变化，有时候，他会发现她莫名其妙地脸红、害羞，坐在她身边，他甚至能听到她少女的心跳……

这年入冬后，有那么几天，夜幕已经降临，华灯初上的时候，在夏之栩的机关宿舍里，因为工作的缘故，赵世炎和她热烈地交谈，以至忘了时间，几乎每次都谈至深夜。窗外大雪纷飞，万籁俱寂，只有冰冷刺骨的风不停地呼啸着。

外面天寒地冻，但室内却暖意融融，两个谈兴甚浓的年轻人因为共同的理想越谈越投缘，越谈越兴奋，先是谈工作，谈着谈着，两个人便谈起了时事，谈起了信仰，谈起了青春……

谈着谈着，夏之栩忽然绯红了脸，低下头不说话了。见此情景，赵世炎一时也有些不知所措，不知该说什么……不知道什么时候，也不知道先是谁将对方的手拉住，也就在这种时刻，她几乎是本能地依偎到他温暖的怀里……

一切水到渠成，爱情就这样诞生了。

1925 年的冬天，赵世炎与夏之栩结婚了，两个志同道合的年轻人终于走到了一起，成了一对惹人羡慕的革命伉俪。

20 世纪初，上海是帝国主义进行经济侵略的重要据点。仅日本在上海就开设了十几个纱厂。为了榨取更多的利润，日本资本家肆意虐待和剥削中国工人。帝国主义的压榨，使工人们无比愤恨。

1925 年 5 月 15 日，内外棉株式会社七厂工人举行了罢工。资本家以关厂停工相威逼，声言"用关厂来饿死中国工人"。愤怒的工人们推倒铁门栏，冲进工厂，要求资本家发工资。日本资本家竟然向工人开枪，许多工人被当场打伤。20 岁的工人、共产党员顾正红身中 4 枪，当场死亡。

帝国主义的暴行，激起了全上海以至全中国

人民的极大愤怒。多少年来中国人民心里的怒火如火山爆发般一下子喷发出来！

5月30日上午，上海工人、学生3000多人，在公共租界各马路散发反帝传单，进行讲演，揭露帝国主义的暴行。下午，万余名愤怒的群众聚集在老闸捕房门口，高呼"上海是中国人的上海！""打倒帝国主义！""收回外国租界！"等口号，要求立即释放被捕学生。英国捕头爱伏生竟调集通班巡捕，公然开枪屠杀手无寸铁的群众，打死13人，重伤数十人，逮捕150余人。6月1日又枪毙3人，伤18人，制造了震惊中外的五卅惨案。

也就在6月1日这一天，在中国共产党的领导下，上海总工会成立，向全市工人发出总同盟罢工令。刹那间，工人们离开了自己的岗位，机器不转了，马达不响了，电停了，水停了……

消息传到北京，全城立即沸腾起来。李大钊、赵世炎等迅速将北京各阶层组织起来，先后成立"沪案雪耻会""工人雪耻会"，开展了一系列轰轰烈烈的反帝爱国运动。这年6月，赵世炎领导的中共北方区委组织群众先后3次举行示威游行，参加的群众达30多万人，除城区各行各业的工人、学生、市民外，长辛店铁路工人和郊区的大批农民也加入了示威游行的行列。

6月12日那天在天安门前召开的北京国民大会，由于李大钊、赵世炎等领导组织周密，会议开得非常成功。会场上搭起了5座讲台，同时进行演讲。演讲者无不仇恨满腔，声泪俱下，与会者悲愤交集，群情激昂，"打倒英日帝国主义！""打倒军阀！"等口号此起彼伏，声震云霄。一位愤怒的群众当场割破手指，在宣传横幅上血书"誓死救国"4个大字，形成了一幅如火如荼的反帝爱国群众斗争的悲壮图景。

1926年年初，鉴于形势发展需要，党组织决定派赵世炎去天津，任北方区委驻天津的代表，负责天津党和工人运动的工作。一到天津，他就给党团员们作政治报告，讲国际国内形势，分析帝国主义和军阀反人民的一致性，以及他们内部之间的利益冲突与相互矛盾性。

在天津，赵世炎就住在总工会办公室旁边的

一个小房间里。他生活非常简朴，屋里只有一张木板床、一张办公桌和一把椅子以及一个报架子，洗脸洗脚只用一个脸盆。平时吃饭也很简单，经常是集体伙食，有时过了食堂开饭时间他就自己煮一点清水挂面或是到附近的平民饭馆随便吃点填饱肚子。他经常对同志们说："艰苦朴素是我们的优良作风，一个革命者不能怕吃苦，不能贪图享受，即便是将来革命成功了，也须勤俭建国。"

由于民众反帝爱国运动的影响，反动军队中部分官兵也产生了爱国要求。赵世炎对此十分重视。他认为国民军是一支从军阀内部分化出来、比较倾向民众的武装力量，因而亲自撰写文章，编印传单，然后派人到国民军部队中散发，向士兵宣传反帝反封建思想。他对官兵们说："你们在京津战役中所以得胜，完全是靠了农民的援助。得民者兴，失民者亡。国民军应当懂得这个道理。国民军今后能否得到发展，就要看与民众，特别是与农民的关系如何了。"

3月中旬，由于奉系军阀卷土重来进攻天津，国民军支持不住，赵世炎和地委负责同志研究，决定党的工作暂时转入地下。3月17日晚他赶回北京，立即向区委汇报了天津情况。

就在这一天，北京爆发了反帝反段祺瑞执政府的示威游行，抗议日本帝国主义炮轰大沽口向我发出最后通牒！抗议军阀的卖国行为！这天群众与军警发生了冲突，有的学生被打伤了，激起了广大群众的更大愤怒，于是决定第二天举行更大的示威游行。

晚上回到家，夏之栩告诉赵世炎，明天她也去参加大会和游行，并负责散发传单。赵世炎顺手翻了翻她带回家的一大捆传单，关心地说："早点休息吧！明天我也去参加。"

第二天上午，请愿团从天安门出发时，李大钊和赵世炎等人亲自举着旗子，走在队伍的最前面。当游行队伍来到铁狮子胡同段祺瑞执政府门口广场时，军警封闭了广场上仅有的两个出口。请愿群众遭到段祺瑞卫队的开枪屠杀，死者达47人，其中有女师大学生刘和珍。伤者近200人。这就是震惊中外的三一八惨案，在《记念刘和珍君》一文中，鲁迅先生称这一天为"民国以来最黑暗的一天"。

惨案发生时，夏之栩离铁门近，随着人群往外挤，被站在门外的人拉住，用力拉出了门外。夏之栩急急回到了机关，却不见李大钊、赵世炎和陈乔年等人，一时心急如焚。于是，她赶忙带人往医院跑，看看他们会不会因受伤被送进医院。

在医院没找到，她便又跑回机关。一会儿，赵世炎和陈乔年回来了。赵世炎是从院墙里翻出来才脱险的，陈乔年被警察扎了一刀，幸好伤势不重。大家一看李大钊还没有回来，都很着急，于是赵世炎赶忙带着"保卫"去找。到了晚上，李大钊回来了。原来，惨案发生时，他被撞倒了，有位同志扶他出去，躲在小饭馆里，一直到晚上才离开那里。他受了点轻伤，鞋也跑丢了，但能够平安回来，算是万幸了。

三一八惨案中，北京民众表现出了反帝反军阀的英勇斗争精神，打击了帝国主义和军阀政府的反动气焰，同时，也用血的事实教育了全国人民，更加激起了全国人民对段祺瑞反动政府的仇视。4月9日，国民军进京赶走了段祺瑞，在全国人民的一片声讨声中，段祺瑞被迫下台了。

4月中旬，赵世炎作为北方工会组织代表团的负责人前往广州出席第三次全国劳动代表大会。会后，中共中央秘书长王若飞找赵世炎谈话："中央为加强江浙地区，特别是上海党的建设和工人运动的领导，决定调你到上海担任中共江浙区党委组织部部长兼上海总工会党团书记。"

于是，顾不上休息，赵世炎立即前往上海，重新投入了新的战斗。

赵世炎发现的"秘密"

上海是一座有着光荣革命传统的城市。1921年7月23日，中国共产党第一次全国代表大会在上海召开。从望志路到兴业路，中国共产党正是从这里起步的。一间仅有18平方米的小小客厅，见证了一个伟大政党的诞生。所以，一点儿也不夸张地说，这里是中国共产党的"产床"，也是中国共产党人的精神家园。

相距不过1.3公里，绿树掩映着一幢始建于1915年的石库门老建筑。1922年7月16日至23日，中国共产党第二次全国代表大会在这里召开。这次大会上，第一次提出党的反帝反封建民主革命纲领，第一次提出党的统一战线思想，第一次公开发表《中国共产党宣言》，制定第一部党章，与党的一大共同完成了党的创建任务。

1926 年夏，正是五卅运动的第一个周年，赵世炎来到上海工作。"当时中共上海地方委员会兼江浙区委的人员有书记罗亦农，组织宣传赵世炎，职工运动汪寿华，特种工作徐梅坤，南京谢文进，杭州韩自书，另外还有一个秘书，共 7 人。"

在一次江浙区委全体会议上，罗亦农把赵世炎介绍给大家，他说："为了加强江浙地区的工作，党派赵世炎同志到这里来，他'能煽动、能工运'。"

在表态发言时赵世炎说："我不愿坐在区委机关工作，我愿到基层去，到工人中去。"

第二天他便深入沪东、浦东等地的工人当中，通过讲课、教歌、座谈等形式，很快就与工人们拉近距离，交上朋友。赵世炎具有极高的组织才干和极强的办事能力，讲话流利观点鲜明，而且富有鼓动性。他工作积极，待人热情，凡是接触过他的人，哪怕是只接触过一次，也会对他留下极其深刻且非常美好的印象。有人在回忆自己第一次见到赵世炎时说：

"同他初次见面是在一个晚上，开始就像熟人一样，无拘无束，很亲热地问我的家庭情况、学校情况，及对社会的认识，等等。当我一一回答之后，他便对我说：'革命是伟大的事业，但不会是一帆风顺的，需要艰苦，需要奋斗。既然认清真理就要坚持干下去。敌人是凶残的，但不足畏惧，人民革命的巨浪一定会淹没他们。工作中要大胆要深入，头脑随时都要清醒，行动要谨慎小心。'话虽不多，但我深深地感到，赵世炎是个革命的英雄主义者，又是革命的乐观主义者。"

的确，与赵世炎接触过的人都觉得他和蔼可亲，易于接近，对同志交代工作、解答问题，总是用商量的口气："老弟，你看如何？"几乎成了他的口头禅。

赵世炎到上海不久，便在工人群众中获得了很高的威望。这既是因为他对工人阶级解放事业忠心耿耿和组织工人运动很有才能，更是因为他对生活在城市底层的工人群众有着很深的感情，并真心实意地帮助他们，爱护他们。同时，他还经常以"施英"的笔名在报纸上发表文章，反映上海工人在半殖民地半封建社会所遭受的非人虐待和压迫，为他们鸣不平，如此一来工人自然把他看成"自己人"，对他心怀感激。

那天，听说上海丝厂、毛巾厂等工厂工人罢工，要求改善待遇，条件之一是每天工作不超过12小时，赵世炎立即深入这些工厂，当他听说厂里工人每天工作超过18小时，在外国资本家眼里，中国工人只是"黄奴"，生命的价值甚至不如一条狗，大为震惊，极为愤慨。他觉得这是一种半殖民地半封建的超经济剥削，中国工人竟然遭受着外国资本家和民族资本家如此严重的双重剥削和压迫，真的是苦难深重，牛马不如。于是，他连夜赶写了一篇题为《什么是日厂工人的痛苦》的文章发表在《向导》上，深刻揭露日本资本家对上海工人的摧残和虐待，并大声责问："这是哪一家的'王法'呢？难道中国工人阶级就应该受这般非人的虐待？"

五卅周年那天，赵世炎和汪寿华一起组织了6万多人在南京路上举行游行示威。他们在天津路一个小旅馆的楼上设置了这次游行示威的秘密指挥所。

当天上午8点以后，许多工厂参加游行的工人便秘密地携带传单、旗子陆陆续续来到指定地点，分散在外滩到跑马厅的各路口、商店和人行道上。

10点，游行队伍以邮局的自行车队为先导，突然拥到南京路。街道两边，突然响起"嘟嘟"的口哨声，各路指挥者几乎同时发出暗号。听到暗号，所有参加游行的人便立即集结起来，游行队伍一路高喊口号，发表演讲，雪片般的传单先是飘飞在南京路的上空，然后撒落了一地。

租界巡捕开来装甲车，还用水龙向群众喷射，但游行群众没有退缩。他们用砖石、木棍和巡捕搏斗，有的工人还用石子和装有沙子的瓶子砸向外国人和资本家的汽车。工人们还在电车上贴上"收回租界""废除不平等条约"等标语。

下午，示威群众仍情绪高涨。赵世炎走出秘密指挥所，被一群工人簇拥着登上演讲台，慷慨激昂地发表演说：

帝国主义者常说，上海的中国人是不驯良的，所以去年五卅日他们开始了屠杀中国人的政策，嗣后中国人起而反抗，他们便利用军阀来压迫……但是奋斗的上海民众，不会因此而屈服！……

这天，游行示威一直坚持到晚上 7 点。

在这次游行示威中，赵世炎忽然发现了一个"秘密"，以至于随后的那些天里他在文章中、讲演时以及与别人交谈时都会提起这个"秘密"：在南京路上，有位青年女工被英国巡捕用棒子殴打的时候高声抗议："今朝侬还打我么？"赵世炎认为，这位女工抗议时说的这句话，反映了五卅运动以来，中国无产阶级觉悟程度的提高和斗争精神的加强。他说："这是一个积极的战斗的抗议！这个抗议的意思，在这位青年英勇的女工人来说，是以为'今天是我们打你们的日子，因为我们已经团结起来了，你们还敢打我们中国人么？'……"

是的，赵世炎发现的"秘密"就是"团结"。只要中国人都团结起来，那些一贯喜欢恃强凌弱的西方列强还敢欺负我们中国人吗？只要被压迫的工人们都团结起来，那些帝国主义者和反动军阀还敢

再欺负我们吗？

　　显然，也正是发现了"团结"这一"秘密"，赵世炎决定首先从扩大党和工会的组织入手，不断壮大工人力量。在一次区委全体会议上，他发表自己的意见，指出："上海总工会虽有工人信仰，但大多偏于纱厂，以后要注意城市工人。"他对市政工人运动方面的负责人杨裕发说："如果把水电和公共交通抓到手，对打击帝国主义者和资本家影响最大。比如搞大罢工，纺织厂和印刷厂罢下来只是一方面，如果水、电、公共交通给他一停，那就全市死气沉沉，各工厂都得停工，资本家就无法进行剥削了。"

　　打蛇要打在七寸上。为了充分发动市政工人的罢工斗争，赵世炎便重点抓了这方面的工作。他亲自在电灯公司建立了党支部，并常到秘密接头地点——鸭绿江路久耕里一个木匠铺的楼上，和工人们开会，物色和培养积极分子。

　　很快，这里便由原来的一个党员增加到四五个。赵世炎主持了第一批党员的入党仪式和党支部成立大会。

会议开始前，他从口袋里掏出一面手帕大小的鲜红党旗，亲自用两个小钉子钉到墙上，然后讲话，并带领新党员庄严地宣读入党誓词。

在平时的工作中，他经常耐心地指导党员要向工人阶级进行阶级教育，多交朋友，注重发现和培养积极分子，扩大党的队伍。在和工人谈心时，有些工人总是认为自己当牛做马吃苦受累完全是自己命不好，对自己艰难困苦的处境常常是一副听天由命任其自然的样子。他们说："阿拉工人命不好，再出头不过是个'土'，只有死了埋在土里，才能出头。"因而消极悲观，不愿意积极参加罢工斗争。

对此，赵世炎不以为然，他笑着对这些工人说："'工'字出头是个'土'，可是'工'和'人'加在一起不是'天'吗？工人团结起来力量就会大似天啊！"为此，他一再耐心地教育工人们一定要团结，再团结！

为了让这些工人信服，他还形象地打比喻说："一根筷子容易折断，一把筷子就折不断，一根线可以拉断，但是把线扭成绳子，织成布就拉不断了。同样的道理，资本家对一个工人容易制服，但是许多工人团结起来，资本家就不好制服了！"

经他这么一说，工人们大多豁然开朗，懂得了团结起来共同革命的道理。

是的，团结是革命的秘诀，对此，赵世炎认识非常深刻。在一次党员大会上，他曾深有感触地说："苏联革命成功，是由一个一个工人团结起来，再由一个一个工厂的工人团结起来，才有了坚不可摧的力量。"

帝国主义者和资本家所恐怖的"红色的五月"刚过，他们便开始疯狂地反攻倒算起来。他们动辄对工人进行打骂、扣薪、开除、逮捕甚至处死。有的资本家竟因工人曾参加纪念五卅活动扣罚了该工人的两天工资。这使原本就工资微薄的工人因米价高涨日用品昂贵而难以活命。因此，工人们都渴望工会能帮他们说话，领导他们同资本家进行斗争。

在仔细分析了当前的形势后，赵世炎认为上海工人罢工的时机渐趋成熟。工人运动应该由1925年五卅运动以来的防御转入进攻。只有通过积极斗争，才能在斗争中鼓舞士气，进一步把工人组织起来。于是，在他和总工会其他领导人的具体组织指挥下，上海工人阶级大规模的经济罢工很快便拉开了序幕。

为了能让上海的"一个一个工人团结起来""一个一个工厂的工人团结起来"，形成一股坚不可摧的力量，赵世炎利用到工人平民学校讲课的机会，在讲课前后与积极分子谈话，了解工人的工作与生活、愿望和要求，同时和他们谈革命形势、谈罢工和革命的意义与作用，等等。这些谈话，都极具鼓动性，激发了工人们斗争的勇气。与此同时，他还带领大家一个工厂一个工厂地去跑，对工人进行宣传和动员。

由于赵世炎从留法勤工俭学时就长期在工厂生活和工作，了解工人的疾苦，又很善于表达，他对工人进行演讲或党内开会时的讲话，都很能吸引听众，使工人们听了都感慨道："对我们工人的疾苦，他怎么知道得那么清楚？""他说到我们工人心坎里了！"因此，只要一听说有他的报告或演讲，工人们都很乐意去听，且一个个听得热血沸腾，从他的话语中明白了许多过去不明白也很少去思考的道理。

怎么把工人们一个厂一个厂地团结起来呢？一开始，他决定先对"向来无组织的丝厂女工"去做工作。因为他觉得丝厂的女工"生活在十八层地狱里，困苦万状"，易于发动。于是，他专门派总工会的干部到闸北区各丝厂去向女工们进行宣传。起先只有 10 个厂的 8000 多名女工开始罢工，而且，沪西纱厂和闸北纱厂女工罢工了，沪东纱厂的女工罢工斗争却没有很好地开展。

　　为此，赵世炎找到沪东区部委书记张叔平，共同研究对策措施。两人觉得关键还是工人的认识不够，决心不大，于是决定从基础较强的"老怡和"纱厂开始发动群众。经过宣传动员，沪东的罢工斗争也逐步开展起来了。见此情形，赵世炎十分高兴，他高度称赞女工们"积极而英勇地参加罢工，给上海无产阶级运动增加了一支生力军"，"上海总工会不仅有其坚固的基础，而且时时有新的力量。"

　　赵世炎平时和颜悦色，待人热情，但遇到原则问题毫不留情，疾言厉色。如他对商务印书馆印刷厂的支部书记、后来成为叛徒的徐辉祖的严厉批评就是一个较为典型的例子。

当时，商务印书馆的职工，由于在春季斗争中获得了一点经济利益，便产生了不愿意继续参加罢工斗争的情绪，对其他行业的罢工斗争也不积极支持。特别是罢工胜利后，徐辉祖还代表工会与资本家订立了条约，其中有一条是上午11点收工吃饭。结果有的工人不到11点就去洗手吃饭，资方对此非常不满，徐辉祖便指使纠察队去拦阻工人，引起工人们的极大反感，对徐辉祖也产生了怀疑。

赵世炎知道情况后，立即深入商务印书馆，找到徐辉祖与其单独谈话。

在一间小屋子里，两人面对面坐下。在静静地听完徐辉祖的情况汇报后，赵世炎突然沉下脸来，厉声问道："你是什么人？"

徐辉祖愣了愣，说："我是工人哪。"

"你既然是工人，为什么不站在工人阶级立场上，替工人说话，而去替资本家说话呢？……个别的工人触犯条约是事实，但资本家是不是完全遵守了条约？你为什么站到资本家的立场上阻拦工人，而不站在工人的立场去约束资本家呢？……我们和资本家订了条约，是不是就死死地守着这个条约，不需要再斗争了？"

一席话说得徐辉祖非常狼狈，一脸的愧疚，流下了眼泪。

也许是觉得自己刚才的话说重了，赵世炎又和蔼地说："一个共产党员，他随时都应该检点自己的一言一行，看是否符合工人阶级的利益，如果我们不能站在工人阶级的立场上去处理问题，还算什么共产党员？"

随后，赵世炎又反复向商务印书馆的职工做宣传思想工作，一方面说明工人阶级不进行政治斗争，只取得一点经济利益是不巩固的；另一方面又耐心地告诉他们说，天下工人阶级是一家，商务印书馆职工在斗争中取得的胜利，除了自己的努力外，还有其他行业工人兄弟的支持，因此，在取得胜利之后，不能自扫门前雪，而应该去支援其他行业的工人进行斗争。须知，团结才有力量。工人兄弟只有团结起来，拧成一股绳，才能壮大力量，取得胜利。

经过赵世炎几次三番的说服教育，商务印书

馆的职工们终于明白了其中的道理，觉悟提高了，积极性也增强了。随后，商务印书馆的党支部还派出干部到闸北丝织厂、烟厂和商店等帮助开展罢工斗争。

很快，上海工人便纷纷行动起来了，仅6月一个月就连续爆发了百余次罢工，参加罢工的有107个工厂和10万多名工人，把上海变成了"动的上海"。用赵世炎自己的话说就是，这个"动的上海"就是"革命的上海"的前奏。

就这样，在赵世炎等人的具体组织和领导下，上海的罢工斗争很快便从自发的单独工厂的罢工发展成为有组织的同盟罢工，从单纯的经济斗争上升到了政治斗争，并且人数越来越多，士气越来越旺，以至上海的工厂处处布满了"干柴"，只要一遇火种，便会迅速熊熊燃烧起来，并在中国形成燎原之势。

"唯一的主谋者"

　　五卅周年示威游行之后，赵世炎发表了《"五卅"纪念运动之教训与上海民众之责任》一文，高度赞扬了工人群众的斗争精神，揭露了帝国主义者和反动军阀的无耻和丑恶。同时，他也实事求是地指出了工人方面存在的主要问题，就是上海工人阶级团结尚未一致，组织尚不广大，宣传工作尚不深入。为此，在今后的罢工斗争中工人阶级不仅应该更加紧密地团结起来，而且还应该讲究罢工的策略和战术，凭借自己的工会和政党为营寨，同敌人进行战斗。

　　之所以要特别强调罢工的策略和战术，乃是因为自从来到上海之后，赵世炎看到工人的罢工几乎都很草率，缺少章法，明显缺乏罢工的策略和艺术，他举例子说："譬如此次纱厂的罢工，没有总同盟的罢工的需要，而一般的工友们，徒凭一时的勇气，凡有这种倾向，便算是不懂得罢工的战术。又如麻袋厂的罢工，暴动太多，且无组织，我们应当知道无组织的暴动是最危险的，毁坏生产机器，更是不必要而且有害的行动。又如日本资本家之应付工人，他们开除工人不敢承认，在租界内推脱于巡捕房，在华界又推诿于警察署——这算是资本家懂得战术，巧于用策略应付工人，我们工人安可不讲究战术，服从工会的指导，以求胜利早得么？"

为此，从 6 月 19 日开始，赵世炎连续发表了《上海最近的罢工潮》和《再论上海的罢工潮》等文章，在严厉驳斥帝国主义者和军阀、官僚、资本家对罢工的种种污蔑，揭露了他们残酷剥削和压迫工人的种种罪行之后，他也异常清醒和冷静地分析了一个月来上海工人罢工斗争的经验和教训，对今后的罢工斗争提出了应对的措施和战术，认为"工人此时应当明了'罢工的战术'，要知道若不'知己知彼'，便不能'百战百胜'。工人阶级为拥护自己的利益起见，应当了解自己阶级的战术"。

看到一些工厂的工人不懂得罢工战术，赵世炎非常着急，他说："浦东烟草公司的工友们因为同情于罢工运动，在老厂的工友，用香烟摆成一个'义'字，新厂的工友听说了，立刻就用香烟摆成一个'气'字。这个表示是好的！'义气'就是我们的阶级觉悟和团结的表示。但是工人阶级只有义气是不够的，还须懂得阶级斗争的战术呀！"

那么，究竟应该懂得和采取怎样的罢工战术呢？他结合实际，不厌其烦地向工会干部和工人讲罢工的策略。他告诉大家，在同资本家进行斗争时，干部尽量要少说话，并指点他们在什么时候说什么话，什么情况下态度要硬，什么情况下态度要软。针对过去罢工时，工人们都习惯把机器停掉、电门关掉，赵世炎说，这样做，资本家受不了多少损失，他们不会心疼。他跟工人们授计说，以后罢工，大家机器照开，让它空转；电门不拉，令其空耗电费。后来，工人们罢工时依计行事，弄得资本家十分心疼，却又无计可施。这样，罢工的效果就出来了。

赵世炎高兴地对工人们说："这下好了，资本家真心痛了！"

对于罢工斗争中工人们创造的新的做法和经验，赵世炎非常善于总结，并及时进行推广。当时，看到一些工厂或行业出现的变"明罢工"为"暗怠工"的怠工运动，他非常高兴，并充分肯定："这是工人群众要求利益，表示力量的有效方法之一种。"他认为："怠工亦是'罢工战术'之一种，此后各业工友应聪明地运用。"

　　对于罢工中出现的问题或错误，赵世炎一旦发现，便立即纠正。如那天他得知商务印书馆因为罢工，两派工人发生冲突，便急忙赶到现场。在这里，他看到印刷所工会组织的工人罢工纠察队手持木棍，站在大门前，不准另一部分不愿罢工的工人进车间上班。对峙双方情绪都很激动，大有动武之势。

　　赵世炎急忙找到印刷所党支部书记徐辉祖了解情况，当得知外面一部分工人是被资本家收买的，资本家暗中出高价收买这些工人，要求他们复工。再看那些闹着要进厂复工的工人，一个个穿得破破烂烂，沉思片刻，赵世炎便有了主意。他对徐辉祖说："你们这样做不对，应该向这些工人进行劝说，争取他们，孤立资本家。"

根据赵世炎的指示，工会干部们立即分头到工人家中去做思想教育工作，通过他们的家属去做这些工人的工作。同时，工人纠察队员还帮助这些家属给上工的工人送饭，然后以情动人，对他们劝说："明天不要去上工啦，你这样做是抢了其他工人兄弟的饭碗。"不少上工工人受了感动，第二天便主动拒绝在罢工时给资本家做工了。

　　在赵世炎的领导下，商务印书馆的工人经过两次罢工斗争，并讲究罢工战术，终于迫使资本家答应工人的要求，工人们都涨了工资，经济上取得了很大的胜利。

　　据当年曾在商务印书馆工作过的陈云回忆："他在上海工人群众中有很高的威信，在商务印书馆进步职工中有很高的威信，在我个人心目中有很高的威信。我在商务印书馆党支部和职工活动分子的会议上，曾多次听过他的讲话。每当大家意见分歧时，只要他来讲一下话，大家都能心服口服，很快消除分歧，取得一致。赵世炎同志就是这样一位受人尊敬的革命家。"

　　商务印书馆的罢工斗争取得初步胜利后，很

快，赵世炎和汪寿华商议，决定将罢工斗争的战场转移到药业、估衣业特别是百货业领域。为了把百货业的店员广泛发动起来，他俩先认真分析了先施、永安、新华和丽华4家大公司，认为这4家大公司是当时上海最大的商店，而且都坐落在商业集中的南京路上，只要他们几家一动起来，就会影响全市的商界。

于是，赵世炎同时派出几位工会干部去"攻打"这四大特别是先施、永安这两大百货公司。很快，先施、永安百货公司的店员都被发动起来了，先是搞经济斗争，要求增加工资，随后成立工会再搞政治斗争。这边先施和永安一动起来，那边新华和丽华两家公司也跟着动起来，而且店员们罢工罢得更厉害。到了这种地步，这两家公司的资本家只能软下来，丽华公司的经理对店员们说："你们不要闹了，先施公司怎么办，我就怎么办。"

四大百货公司的店员罢工，对全市商界影响很大，且具有很大的"示范效应"和"滚雪球效应"，罢工期间，只要这四大公司不开门，其他商家就也都不开门。罢工的范围和影响扩大了，上海

工人的团结和合力大大增强了。

随着罢工斗争一天天增多，一天天深入，领导罢工斗争的赵世炎、罗亦农和汪寿华等人越来越忙了，以至于经常没日没夜地四处奔走，开会、谈话、调研，指挥斗争，回到家里还要写文章、写材料，等等。就因此，赵世炎有时一连几天不眠不休，实在累得吃不消了，就利用开会前等人的时间休息几分钟。据老工人史照华回忆当年的情境："我第一次见到他，只知道他是区委的领导施英同志，他正在和罗亦农、汪寿华同志讨论着问题，手还在不停地写着文章，同时他还在听取一个同志汇报铁路工人运动的情况。在短短的时间内把几个问题圆满解决了。这时坐在我旁边的陈竹三对我说：'施英同志真了不起，他在同一个时间里能做三件事。'当时我年纪小，懂事不多，但总觉得他是个了不起的人物，他为党担着很重的担子呢！……"

史照华原名"阿毛"，赵世炎在认识她之后，觉得"阿毛"是个小名，工作时称呼起来不方便，于是便给她取了"史照华"这个正式的名字。

这天，赵世炎在外面奔波忙活了一天，等回到家里，夜已经深了。妻子夏之栩带着孩子还有岳母老地下党员"夏娘娘"早已熟睡了。因为考虑到第二天一大早还要开会，要讲话，虽已精疲力竭，但他还是竭力打起精神，坐到写字台前赶写讲话稿。第二天一大早，几乎一夜未睡的赵世炎带着赶写好的稿子来到沪西，召开党员大会，结合自己负责的党的组织工作和工会工作作了一个讲话。他强调指出：中国共产党在"中国革命进程中"必须"站在一切革命群众的领导地位"，并且详细论述了组织工作在党的建设与工人运动中的重要性。

　　开完会已快中午，赵世炎笑着对参加会议的陈云说："我们一起到几家工厂看看吧。"

　　陈云作为上海党组织选送的青年团员在莫斯科学习时，赵世炎也在莫斯科东方大学学习，两人不仅是校友而且关系非常密切，如今又成了上下级。听赵世炎说要和自己一起去工厂看看，陈云赶忙将屋子简单收拾了一下，见桌上有几张当天的报纸还没顾得上去看，就拿在手里跟着赵世炎出了门。

赵世炎一看陈云拿着报纸，猛然停住脚步，望着他说："赶快把报纸放回去，免得特务注意。你怕特务不知道你是个关注时事的读书人啊？"

陈云的脸立马红了，心里不禁感慨和自己年龄相仿的赵世炎考虑问题就是比自己全面、周到，于是便赶紧将报纸送回屋里。这件事对陈云触动很大，即使30多年过后，到了1961年的夏天，这个场景还历历在目。一天，他在国务院自己的办公室里忽然想起这段往事，禁不住感慨道："我从那句简短的警惕语中，知道世炎同志是很警惕而不忘秘密工作的。他那关心同志的话和保卫革命工作的精神，使我感动。我以后几十年的工作中，常记得这句话。"

这天，赵世炎带着陈云来到一家丝厂工会办公的小屋，里面坐满了人，地上则乱七八糟地散放着一些报纸。赵世炎指着地上的报纸，当即批评工会负责人朱英茹："朱英茹，这可不行！如果敌人进来，一看就知道这是共产党的机关，以后不能这样随便，应该谨慎一些。"

为了正确指导上海工人被"点燃"了的罢工怒火，赵世炎及时撰写并发表了"四论""五论"和"六论"上海罢工潮。

面对声势浩大的罢工斗争浪潮，反动当局无理查封了上海总工会。

事情发生后，赵世炎和汪寿华连夜商讨对策，认为发动工人到上海督办署和警察厅请愿是个好办法，于是决定让各厂工会作出安排，立即分期分批地去请愿。这样搞车轮战术，既可壮大工人罢工的声势，又能把反动当局拖得精疲力竭，难以应付。这实际上也是在上海总工会的领导下对各厂工人经济大罢工的有力支持，使反动警察厅一时无法抽出大批警力去镇压工人罢工。谋定后动，赵世炎与汪寿华立即分头行动，在他们的暗中组织与指挥下，这种工人轮番"出演"的"请愿"活动，每日达数十次以上。

一看"请愿"效果良好，各厂工人反对警察厅无理封闭总工会的斗争时机已经成熟，赵世炎、罗亦农和汪寿华商定，在全市开展一次更大规模的罢工斗争。

对这次全市总罢工，赵世炎显然早已成竹在胸。就像一支乐队的总指挥，他先组织指导足以影响全市交通的电车工会开始罢工，造成全市交通瘫痪，一下子就给反动当局一个下马威。在罢工开始前，赵世炎穿一身电车售票员的短衫，来到电车工人俱乐部，与电车工会的成员商议罢工的事情。在做动员时，他特地叮嘱道："同志们，电车工人的罢工对于全市来说是举足轻重的事情。敌人封闭总工会，我们得给他们点儿颜色看看，中国工人阶级绝不是好欺负的！我们一定要造成全市停车和交通瘫痪的局面，给帝国主义和资本家以压力。"

　　起先，有些电车工人有顾虑，害怕"枪打出头鸟"，赵世炎就鼓励大家说："放心吧，我已经跟清洁工人工会说好了，到时让他们推着'粪坦克'来支援你们，这样力量就大了。"

　　一听赵世炎这种时候说话还这么风趣幽默，沉着自信，大家的心理负担一下子就减轻了。

　　罢工那天，电车工会一声令下，全市所有电车都原地"趴窝"了。工人们纷纷走上街头示威，要求增加工资，反对无理关闭总工会。一时间，整个热闹繁华的大上海交通全部瘫痪了，乱成了一锅粥。市民们叫喊着，工人们叫喊着，店员们叫喊着，连一些小资本家也大呼小叫着，表示抗议。南京路上一家家商店因为店员无法来上班，只得关门停业。一家家工厂，也因为工人无法乘车来上班，只好停工。

对此，资本家当然不会坐视不理，他们以高薪收买一部分工人去上班，为他们开电车。赵世炎派出的暗哨一看电车场里有动静，而且有几辆电车已开出车场，便赶紧跑来向赵世炎报告。得知这一消息后，早有防备的赵世炎立刻通知联络员，赶快叫清洁工人开着"粪坦克"前来增援。

很快，早就处于"临战状态"的清洁工人便排着长队推着装满大粪的粪车，直接朝电车停车场走来，并按事先分工，很快就将电车场的前后大门给堵死了。电车被堵在车场里，怎么也开不出来。资本家很恼火，用手绢捂住鼻子，大声地叫喊着，要被收买的工人将这些"粪坦克"推开。

可是，要推开数百辆大粪车谈何容易！要知

道一车车粪便装得满满的，稍不小心就会被溅一身，恶臭无比，这个时候，谁愿意为了那几个钱去做这种事情？于是，在赵世炎和工会人员的劝说下，那些虽然被收买但其实心里也很恨资本家的工人纷纷鞋底抹油溜走了。

这还没完。根据赵世炎的总体安排，到了晚上，全市电厂各级工会也一起宣布罢工，关闸停电。如此一来，"不夜城"变成了"黑夜城"，十里洋场顿时一片漆黑。

1926年7月11日，上海总工会在赵世炎和汪寿华的领导和主持下，召开了第三次代表大会。根据罢工斗争的情况，提出了上海工人的11条总要求，其中包括：工人工资每月不得低于15元，按物价每年至少增加一次；工作时间不得超过10小时；不得打骂、滥罚和开除工人；工人伤病、死亡、女工生育应有特别抚恤和优待；工人应该有议论、集会、结社的政治自由等。并发表宣言，再次揭露帝国主义和资本家压迫剥削工人的罪恶，申明工人罢工的原因。

8月，北伐军相继在汀泗桥、贺胜桥战役中获胜，击溃军阀吴佩孚的主力，直逼武汉。8月23日，盘踞在上海的军阀孙传芳发表致蒋介石书，公开反苏反共。由于北伐战争的迅猛发展，中共上海区委根据中共中央的指示精神，于9月7日作出决定，转移党的工作重点，从速结束罢工。

9月中旬，许多工厂在取得一定胜利之后相继复工，历时4个月的声势浩大的经济大罢工至此告一段落。

这次大罢工从一个行业到另一个行业，从一个地区到另一个地区，斗争步步深入，范围逐步扩大，一浪高过一浪，最后终于形成了一个声势浩大、波澜壮阔的群众运动。可以想见，如果没有赵世炎这样一个懂得罢工战术的总指挥，是很难取得这样的效果的。这些罢工斗争不仅沉重地打击了帝国主义和资本家，而且使上海的工人群众受到了实际的锻炼和考验，政治觉悟得到空前的提高，工会组织也得到了进一步的扩大和巩固，许多地方还建立了工人纠察队。这些都为以后上海工人总同盟罢工和武装起义奠定了牢固的基础。

所有这些都充分体现了赵世炎领导工人运动的政治才干和卓越才能。《布尔塞维克》杂志为此称颂赵世炎是这次工潮"唯一的主谋者"。

这，应该说是对赵世炎领导工人群众罢工斗争的高超艺术和光辉业绩的一个恰如其分的评价。

"枪杆子不能
放下"

在早期的中国共产党人中，应该说赵世炎是
一个比较富有远见的理论家与实践家，是主张开展
武装斗争的首倡者之一。1925年秋天，还在北京
区委工作时，针对党内部分同志主张"和平团结"，
继续打着国民党的旗号进行工作，共产党开展武装
斗争不利于团结的认识，他就独持己见，提出了自
己的看法。在这年秋天于张家口召开的内蒙古工农
兵代表大会上，和李大钊一起出席并领导这次大会
的赵世炎在讲话中旗帜鲜明地提出自己的主张：

我主张在内蒙古地区亮出我们共产党的旗帜，
现在已经是时候了！而且我们得建立自己的武装，

建立我们的红军，否则就不可能取得革命的胜利！

在会上，赵世炎极力主张组建工农武装：

孙中山只抓军事不管党，我们总不能只管党不抓军事吧？苏联的布尔什维克要是没有红军，能推翻沙皇的统治吗？要革命，没有自己的武装，就等于将自己的头伸出去让别人砍！

后来，大革命失败的惨痛教训，充分证明赵世炎极力主张组建工农武装的观点是十分正确的。

孙传芳是亲日派反动军阀，于1925年10月进驻上海。在他的残酷统治下，上海人民备受煎熬。就在上海工人大罢工轰轰烈烈进行之时，广东国民革命军于1926年7月兵分三路，出师北伐。北伐军的节节胜利，使孙传芳的反动统治岌岌可危，上海的民众为此感到欢欣鼓舞。

由于革命形势的好转，上海的资产阶级代表人物开始秘密策划反对孙传芳。一些反动的大学

"同志会"也公然要与革命派的学生建立联合战线。而普通的市民则盼望北伐军早日打到上海,不再受孙传芳的压迫。

面对这种新的局面,上海的中共党组织将何去何从?作何准备?对此,赵世炎连续在会议上和党内刊物上发表言论,反复分析形势,提出新形势下的新任务。他告诫大家对形势的发展和各阶级的动向必须保持清醒的头脑,"必须认清资产阶级的投机性和虚伪性",他们的暂时左倾并"不是可喜的",如果北伐军的进军有挫折,他们的态度马上就会改变。因此,在赵世炎看来,党的策略对他们只能是"推进",而"不能存在过分的幻想"。

根据赵世炎的意见和建议,上海总工会做出了部署,在工人、农民和市民中散发传单,揭露孙传芳枪杀工人领袖、封闭总工会、镇压罢工、逮捕工人及滥收捐税等种种罪行;联合商界和学界发起自治运动,提出了"打倒孙传芳,上海市政归上海市民管理"的口号。在讲话中,赵世炎特别强调"处处发展我党的独立的政治宣传与指挥民众运动","建立并集中(纵然是秘密的)我党的民众运动指挥权"!

7月26日，作为江浙区委组织部部长的赵世炎受党中央委托，在会上作了重要报告。他提出了两个十分重要的问题：一个是中国共产党的性质和当前的任务；另一个就是"一切工作归支部"。

在讲话中，赵世炎告诫大家，已经成立了5年的中国共产党，只有一些区委和地委，但"找不到一个好的真正的支部"，这是非常危险的。于是，他根据新的形势提出了加强基层党组织建设的具体要求：各支部在部委和区委领导下制定自己的计划，每个党员要在支部的领导下缴纳党费，执行支部的一切决定。他严肃指出，共产党员如果连这样几件任务都不能完成，"应受警告甚至开除的处分"。同时，他还强调要求各部委、各支部应加强对职工运动的领导。

1926年10月，北伐军攻克武昌，革命形势有了进一步好转。孙传芳部下的浙江省省长夏超宣布独立，归附国民政府，随即向上海进兵。为了配合夏超部进攻上海，党中央和中共江浙区委决定发动武装起义，并任命罗亦农、赵世炎为起义总指挥，迅速组织工人武装，准备迎接北伐军。

根据中央和中共江浙区委的指示，赵世炎、刘重民等一起，对工人武装进行了秘密训练。为防止敌人发现，训练多半在午夜之后到黎明之前进行，地点都选在郊区。在赵世炎的精心组织下，一支秘密的上海工人武装正在逐渐形成。与此同时，赵世炎还在孙传芳的海军中发展了士兵党员，并建立了秘密党支部。

对于建立工人武装，赵世炎的心情十分迫切。在他看来，面对盘踞上海的强大的反革命武装，没有一支自己的武装力量能行吗？他决心建立一支工人武装纠察队，并向各部委进行了详细的部署。10月9日，赵世炎主持召开中共江浙区委主席团会议，检查起义的准备情况。

"黄逸峰同志，你们闸北的武装纠察队组织得怎样？"一上来，赵世炎就问坐在自己对面的闸北部委宣传部部长兼管武装工作的黄逸峰。

黄逸峰作了汇报后，赵世炎点头表示满意："闸北是上海武装起义的重点地区，反动军阀的军队以及大量外国军队，现仍在闸北，将来攻打起来也很困难。因此我们的工作应做得更细一些，更扎实一些，对敌人的军事情报搜集也得加快。"

接着，他又对各部（区）委、工会武装组织情况逐项进行检查。为了做好武装起义的准备，他又亲自到各部（区）委和各级工会检查工作，掌握武装纠察队员的实战训练情况。他趁着夜色来到沪西工人纠察队驻地，武装工人正在进行紧张训练。他们分成若干小队进行训练，有的练队列，有的练刺杀，有的练匍匐前进……赵世炎仔细检查后，对这种训练提出了不同意见，他认为现在时间很紧了，训练最关键的就是要贴近实战。于是，沪西部委和工会根据赵世炎的指示，立即改变了训练方法，取消了原来的队列操练等项目，集中力量只训练射击和对地形地物的利用。

10月23日深夜，赵世炎、罗亦农、汪寿华来到武装起义指挥部。

按照事先商定，这次起义的总指挥——国民党上海特派员钮永建当晚11点将会率领国民党上海便衣队配合夏超的国民革命军第十八军进攻上海。而由中共领导的上海各区各厂的工人武装纠察队应在当晚 12 点举行起义，配合行动。

可是，等到了约定的时间，却迟迟听不到枪声，这时赵世炎和罗亦农不由得警觉起来。在焦急的等待中，负责联络的徐梅坤急急忙忙跑回来报告，夏超的部队到达嘉兴时，被孙传芳调去的部队打散，孙传芳乘胜追击，夺回了杭州。然而，钮永建得知夏超溃败的消息后，到了夜里 11 点，既不率领国民党上海便衣队进攻上海，又严密封锁消息，不去通知联合起义的上海工人武装纠察队，企图让上海工人贸然起义，孤军奋战，从而达到借刀杀人的目的。

得知这一消息后，赵世炎和罗亦农又气又急，由于时间紧迫，通信联络又不方便，他俩便只好亲自分头去通知各区停止起义。结果，离区委较近的闸北区得到通知没有行动，但离区委较远的浦东区和南市区则已行动起来。由于钮永建的部队事先泄密，上海淞沪警察厅早有防范，孙传芳的部队已提前进入战备状态。如此一来，当起义的枪声一响，立即遭到反动军警的反击。由于寡不敌众，100多名工人武装队员被捕，担任指挥的码头工人纠察队队长陶静轩和奚佐尧等 10 多人被敌人押到闸北火车站用大刀斩首……

24 日下午，区委召开临时主席团会议，罗亦农以《上海暴动和善后》为题，详述暴动经过，总结了失败的原因。赵世炎在发言时痛心疾首，极为深刻地指出，这次失败的教训主要是工作做得"不切实"，"我们不免太幼稚"，"将来对钮永建的继续关系要减少，以后要以秘密的方式对付他，不要像这次专受他的最后决定"，他认为，今后"不能只在后面跟着资产阶级，应当以工人阶级为主体，去推动资产阶级。过去当配角，今后要当主角"。

赵世炎在总结这次起义失败的教训时认为，这是一次血的教训，今后必须加强自己的力量，依靠别人总是不行的。

11 月 4 日，北伐军攻占九江，孙传芳所部溃逃南京，而开来上海接防的直鲁联军张宗昌部正准备进入上海。

当时，上海形势一片混乱，给起义造成了有利条件。中共江浙区委决定抓住时机，毫不迟疑地立即举行第二次工人武装起义。起义仍由罗亦农、赵世炎等负责指挥。为加强海军的策反工作，中央组织了海军三人会议，区委组织海军支部由赵世炎任指导员。

1927年2月7日下午，杨树浦榆林路电车工会楼上，上海总工会召集100多名工会干部在这里开会，研究部署总同盟罢工和第二次武装起义。忽然，提篮桥的巡捕冲入了会场。汪寿华和苏幼农也参加了会议。危急时刻，他们在亭子间破窗逃出，其余人全部被捕。

得知消息后，赵世炎立即下令全市各有关厂罢工，迫使这些厂的资本家出面与巡捕房交涉放人。赵世炎认为这不仅是100多名同志的生命问题，更是关系第二次武装起义的成败问题。于是，他亲自参加营救，终于使这100多名同志除4人被引渡到龙华司令部外，其余人当夜就被释放了。

2月16日，区委再次召开会议，研究第二次武装起义。赵世炎认为，起义要获得胜利，重点应放在组织和发动工人群众，争取各方面革命力量，建立以工人阶级为中心的革命统一战线，同时要加大宣传力度，扩大革命声势。在对待资产阶级的态度问题上，赵世炎主张保持清醒的头脑，强调"一方面要联合战线，一方面思想上的斗争不能放弃"。工人阶级要掌握革命领导权，警惕国民党的叛变，否则"就预备受国民党的压迫"。

2月19日，在上海总工会的领导下，沪上36万工人高呼着"援助北伐军，打倒孙传芳"的口号，举行总同盟罢工。军阀当局派出杀气腾腾的大刀队，以斩首等残忍手段大肆弹压，白色恐怖笼罩申城。

面对敌人的暴行，赵世炎指出："白色恐怖的屠杀，只有激起红色恐怖的革命。以恐怖答复恐怖，这便是革命的态度。"他还告诫上海工人阶级："上海工人自己没有武装，有之，唯有从敌人手中夺取过来。"

在此生死存亡的关键时刻，中共上海区执行委员会（简称上海区委）迅速于22日下午4时下令"今晚6时，全上海动员暴动"。

命令下达后，赵世炎立即写了一个纸条派人送给海军军舰上的同志，命令他们遵照起义规定的时间，炮击高昌庙兵工厂。

汪寿华看了这张纸条后，十分悲壮而感慨地说："这个命令是催命的文件，成功了是英雄，不成功这些同志的命就全完了。"

但赵世炎不这么认为，他说："革命嘛，就是这样，要么我们革了敌人的命，要么人家杀掉我们的头。这次一定要争取胜利，他们一定会像十月革命时阿芙罗尔巡洋舰上的炮声一样，叫敌人闻风丧胆。"赵世炎一边说着，一边挥手让联络员赶快去送命令。

傍晚6点钟光景，高昌庙（今制造局路、高雄路一带）方向果然炮声隆隆，吹响了上海工人第二次武装起义的冲锋号。曾经参加过第一次武装起义的18岁的纠察队员周国强跟随队伍朝南市进发。接近兵工厂外围时，他们发现军阀部队已在附近戒备，荷枪实弹，虎视眈眈。为避免无谓的牺牲，带队的只得让队员们就地解散，各自返回住所。

与此同时，浦东工人因接应的汽船未到，无法按计划登上起义军舰提取武器，加入战斗；南市、闸北的工人纠察队虽同反动军警激战数小时，仍寡不敌众；加之，北伐军在嘉兴止步不前，国民党驻上海特派员钮永建控制的武装按兵不动，致使工人武装陷于孤立境地。由于外无接应、内有帝国主义军舰监视，黄浦江上海军的炮声停止了，果然如汪寿华事先所预料的那样，参加起义的海军将士全部壮烈牺牲。

"你这个蒋介石呀！"赵世炎听到消息，咬牙切齿地怒吼道，气愤地一拳砸在桌子上。

2月23日晨，中共中央和上海区委联席会议果断发出"为准备进攻，而停止暴动"的指令。为此，赵世炎特地补充道："积蓄力量，下次再干！"

上海工人第二次武装起义又惨遭失败。

面对一次次的失利，周国强他们不免流露出些许迷茫："难道我们就战胜不了敌人？"答案显然是否定的。北洋军阀可以砍下革命者的头颅，却无法遏制上海工人运动那汹涌的洪流。"同志们！前进！战！战！战！！！"上海区委在随后发出的《告同志书》中喊出了革命的最强音！

一场更加猛烈的红色风暴即将席卷上海滩！

上海工人第一、第二次武装起义失败后，

赵世炎更忙了。由于经常熬夜，他的眼睛浮肿发红，脸则黑瘦发黄。不过，他却始终精神抖擞的样子。"有一次，他看见我为死难的工友而伤心，就认真地鼓励我说：'阿毛姊，敌人能毁灭革命者的肉体，可是毁灭不了革命者的理想！死难烈士的精神，将像火炬一样照亮我们后来人的道路。为了明天的幸福，咱们就得豁出头颅来和反动派斗争！'"

在赵世炎的鼓励下，上海工人斗志昂扬，到处传唱着一首《敢把皇帝拉下马》的民歌，其中有这样的词句：

天不怕，地不怕，

哪管铁链子下面淌血花……

拆下骨，当武器，

不胜利，不放下。

由赵世炎领导的工人纠察队员更是英勇无畏地说道："被捕坐牢，家常便饭；枪毙杀头，告老还乡！"这种视死如归的革命英雄主义精神实在令人极为感动。

为了加强党对上海工人武装起义的领导，党中央派中共中央军事委员会书记周恩来兼任中共江浙区委军委书记，并决定赵世炎为第二书记。第二次起义失败后，周恩来以高度的革命热情，负责党的特别军委工作，担负起第三次武装起义的领导重任。

在周恩来、罗亦农和赵世炎的领导下，全上海的党和工会组织展开了紧张的准备工作。区委决定赵世炎以主要精力组织和领导武装起义。经过紧张的动员与发动，到 1927 年 2 月底，工会会员已发展到 28 万多人，纠察队员已达到 5000 人，其中 150 人有了武器。

当时，闸北驻扎着的一支由当地士绅组织的地方武装，番号为"上海县保卫团第一团"，正在发布公告，要招募民丁，入伙保卫团。为使工人掌握更多的武器，尽快把更多的工人武装起来，周恩来与赵世炎商定，正好借鸡生蛋，让一部分工人党员应征加入保卫团。

可是，有些人对此想不通，"这不是替资本家卖命吗？"一次，周恩来和赵世炎来到商务印书馆工人纠察队驻地检查训练工作时，队员任其祥当面发起牢骚来。

"那你倒讲讲，我们现在缺什么呢？"周恩来笑眯眯地问。

"枪，还有……子弹。"任其祥脱口而出。

"说得对！如果大家加入保卫团，问题不就解决了吗？"周恩来依旧笑眯眯地说。

"是啊！"赵世炎这时也插话道，"如果我们不打进去，敌人也要组织起来，那不成了道地的反革命武装了？大家想想看，是让它成为保卫反动资本家的武装呢？还是我们打进去武装自己，得到军事常识，让它来个白皮红心，变成保卫工人阶级的武装呢？至于说什么会搞臭名声，群众看不起，那更不必顾虑，事实会证明我们是革命者的。"

周恩来、赵世炎的一席话，说得大家都开了窍，愉快地服从了组织的决定。后来，不仅有40多人报名参加了保卫团，有的还当上了班长、排长。赵世炎知道后，称赞他们是"白皮红心"的战士。

3月20日晚，北伐军东路军进抵沪郊龙华。

起义时机成熟了！3月21日清晨，依照特委的决定，罗亦农代表上海区委宣布：是日中午12点，全市总同盟罢工、罢课、罢市，并同期举行武装起义。

在指挥部里，首先由赵世炎下达命令："……同志们，暴动是民众革命的最高技术。无产阶级的暴动，是马克思列宁主义教训中最严重的一课。我们中国的工人阶级一定要上好这一课，以自己的武力来夺取上海！"在讲话时，赵世炎不停地挥动着右手，沉着而又自信。

接着，周恩来宣布了中央军委的决定：

经中央军委决定：赵世炎同志担任上海武装工人纠察队总队长兼第一大队队长，全权负责各武装纠察队的调动和战斗中的军事指挥。我们上海工人阶级，经过第一次和第二次武装起义的实践，一定有勇气夺取第三次武装起义的胜利！

战斗动员和部署会议结束后，各纠察队队长根据周恩来和赵世炎的指示，立即赶回去进行部署和准备。赵世炎让杨树浦发电厂工人纠察队队长钱剑石留下，单独给他部署任务："我向你交代一项特殊的任务，起义一开始，你就想法停止供电，造成全市一片黑暗，我们再一个一个地收拾敌人。同时把厂外的铁轨给拆了，让敌人的援兵进不去。"

等一切都已部署停当，周恩来和赵世炎这两位年轻的总指挥才抓紧时间在指挥部里闭上眼睛小憩了一会儿。

这天正午时分，当外滩海关大钟刚刚敲响12下，停泊在黄浦江上的轮船和市内各大工厂同时汽笛长鸣。瞬时，企业停工，电车停驶，学校罢课，商店关门，80万名产业工人和无数市民走上街头，各路工人纠察队操起武器，对境内的警署、兵营等敌方目标展开进攻，上海工人第三次武装起义打响了。

各地接到命令，武装纠察队立即按照原定计划，对各警察局、各兵营与军队驻地展开进攻。

所有租界内的工人群众，全部集合到华界。工人武装在前，广大群众在后。巷战开始了，连续不断的枪炮声与群众的口号声，震动也震撼了全城

各地。铁路被截断，电话局被占领，电报局接着也被占领，电灯线被剪断，自来水管也被截断了……

由于工人大都是第一次上阵，不知所措，赵世炎便亲临火线，身先士卒，勇猛冲杀。纠察队员们一看赵世炎这么果敢，便不顾一切地跟了上去。

很快，在一些地方，敌人被包围了，大小警署的门前投降的军警们纷纷扔出了枪械；在敌人的军队中，出现了以竹竿系手巾的白旗，以示向工人纠察队投降……经过30多个小时的激战，终于打败了军阀部队，占领了上海。

就这样，在周恩来、赵世炎的亲自指挥下，上海工人第三次武装起义取得了完全的胜利。在中国共产党的领导下，立即召开了市民大会，选举产生了上海市民政府。上海总工会也从即日起在湖州会馆公开办公。总工会从所有纠察队员中挑选2700人，用从敌人手中缴获的武器武装起来。

身为这次起义的领导者，目睹了上海工人阶级的伟大胜利，赵世炎百感交集，他热情地赞美道："三月暴动在世界革命史中的价值，是写在十月革命后的一页。三月暴动在中国革命史中的位置，是确定中国革命的性质，保障中国革命的胜利，划分中国革命历史的一页新篇幅。"

上海工人第三次武装起义，是大革命时期中国工人运动的一次壮举，是北伐战争时期工人运动发展的最高峰，为在中国开展城市武装斗争作了大胆的尝试。赵世炎为这次起义的成功，作出了重要的贡献。

最后的斗争

对于蒋介石的反动本质，赵世炎是早就用自己的火眼金睛看清了的。早在上海工人第二次武装起义之前，当那时，尽管在中国乃至中国共产党内有很多人都对蒋介石非常看好且把中国革命的希望都一厢情愿地寄托在此公身上，但是，身在上海且从没有和蒋介石直接接触过的赵世炎却能够慧眼识人，看清蒋介石的"狼的尾巴"。他当时就一针见血地指出："蒋介石根本是反动的，现在我们欢迎他，将来他会掉过头来打我们的。"为此，他提醒大家："我们有吃蒋介石子弹的危险！同志们对此必须有足够的警惕。"

正是因为看清了蒋介石的反动本质，所以，第三次武装起义胜利之后，赵世炎并没有被一时的胜利冲昏头脑，而是异常清醒地告诫工人纠察队员："枪杆子无论如何不能放下，这是我们用血肉换来的。而且我们手里如果没有武器，工人阶级的利益就没有保障。"

为了让大家保持警惕，他还用苏联革命的历史经验教训来告诫大家："我们的三次武装起义和苏联的二月革命差不多，蒋介石可能是中国的'克伦斯基'。看来我们将来还得再准备一次武装起义，来一个中国的'十月革命'。"

事实很快就证明赵世炎对蒋介石的判断是对的。

果然，依靠国共合作以及工农劳苦民众支持才取得北伐胜利的蒋介石为了独吞胜利果实，很快便露出了青面獠牙，将锋利的屠刀对准了共产党人和工农民众。

1927 年 4 月 6 日，为解除上海工人武装，蒋介石授意其总司令部发布了一张布告，限令一切武装纠察队与工会，一律归总司令部管辖，否则以反革命论罪。还说工人做工不应拿枪。由于孙传芳的 400 多名士兵被俘以后，枪被工人缴去藏在湖州会馆，蒋介石限令工人纠察队必须无条件把枪交出来。

面对日益险恶的形势，赵世炎不知疲倦地四处奔走。他认为蒋介石的反革命面目已经暴露，工人纠察队必须做好准备，不能对蒋介石存有任何的幻想。

为防不测，上海党组织也做了转入地下进行斗争的准备。赵世炎在布置这项工作时很具体、很仔细，他对南市区部委领导说，要赶快租房子，并且要洗洗澡、理理发，把自己的装束改变一下，以免引起敌人的注意。

4月11日下午，青帮头子杜月笙派人到湖州会馆，请汪寿华去赴宴。赵世炎和汪寿华等左思右想，考虑是去还是不去。

因为担心是鸿门宴，去会凶多吉少，赵世炎主张不去，他说："流氓是反复无常的，而且会无恶不作，他们什么都干得出来。"

汪寿华却自信地说："我过去和青洪帮流氓常打交道，他们还讲义气，去了或许可以把话谈开，不去反叫人耻笑。"

其他人多数都赞成汪寿华去，汪寿华想了想，最终打定主意说:"为了缓和目前的紧张局势,宁愿为党牺牲。"

结果,汪寿华这一去就再没能回来。和赵世炎一样在上海工人中很有威望的汪寿华,一去就惨遭毒手,被杜月笙给枪杀了!

4月12日凌晨,由帝国主义和蒋介石武装起来的"共进会"流氓500多人,扮成工人模样,袭击工人纠察队,引起双方激战。蒋介石的军队这时过来故意以"工人内讧"为借口,收缴了工人纠察队手中的武器,强占了湖州会馆上海市总工会。同时,蒋介石又分兵包围占领了工人纠察队的其他主要住所,纠察队员虽奋勇抵抗,终因寡不敌众招致失败。纠察队员被打死50多人,大批工人被捕。顿时,整个上海变成了帝国主义和蒋介石血腥屠杀工人群众的恐怖世界。汪寿华和许多工人壮烈地牺牲在国民党反动派的屠刀之下。

北伐战争和上海工人的3次武装起义,中国共产党人和工人群众拼死拼活打垮了吴佩孚和孙传芳等旧军阀。却没想到不到几个月,蒋介石就摇身一变，变成了比吴佩孚和孙传芳更加阴险和凶恶残暴的新军阀，这是许多共产党人和工农革命群众万万没有预料到的。

在当时，蒋介石发动的四一二反革命政变，激起了上海人民的极大愤怒。上海总工会立即发布了全市总同盟罢工的命令。

4月13日，在赵世炎等人的组织下，全市工人罢工总数达20万人以上。闸北青云路总工会召开的群众大会，到会工人、学生、市民达6万多人。市总工会组织部的一位负责人向群众报告了反动派收缴工人纠察队枪支的经过，以及工人领袖汪寿华同志被暗杀的消息。许多群众听了禁不住失声痛哭。

下午1点左右，6万多名工人群众发起了声势浩大的游行。游行队伍来到宝山路第二十六军司令部请愿，要求发还枪支，并高呼口号："打倒新军阀！"

没想到，早已埋伏在那里的第二十六军士兵竟然向手无寸铁的示威群众疯狂地进行扫射。机关枪、步枪、手枪喷着火舌，顿时，200多名工人、

最后的斗争 157

学生和市民被打死，鲜血染红了宝山路……

随后，蒋介石反动集团又在江苏、浙江、安徽、福建、广西和广东等地，以"清党"名义，对共产党人和革命群众进行大屠杀。一时间，全国许多地方都陷入一片白色恐怖的腥风血雨之中……

蒋介石自以为得逞，以为他比段祺瑞、吴佩孚以及孙传芳等旧军阀要高明许多，对付共产党和那些起来革命的工人群众要有办法得多，但其实，这位大智慧不足小聪明有余的蒋中正却"看似精明实糊涂"，可以说，自从他发动了四一二反革命政变，公然与人民为敌，也就注定了他必然以失败而告终。

是的，一个与人民为敌的政府或独裁者，其失败的命运是注定了的。

4月16日，中央代表李立三、陈延年和聂荣臻从汉口来到上海，传达中央"隐蔽精干，准备再干"的指示，并决定周恩来、罗亦农去武汉参加党的五大，赵世炎继续留在上海坚持工作。赵世炎完全赞同中央的正确指示，表示有信心再发动一次武装起义，迎接武汉政府的东征军。

虽然环境险恶，但赵世炎却无所畏惧，表现了一个革命者的英雄气概。他和陈延年经常更衣换装，或装扮成高级职员，或化装成商人，出入酒楼、旅馆，召开各种秘密会议。每当开完会，他总是笑着对大家说："让我先离开，把'泥巴'带走，以免麻烦你们。"

在蒋介石的反革命白色恐怖下，当时，一些人在思想上出现了动摇。赵世炎对这些同志总是耐心地进行开导和鼓励。每次开会，他都会对大家说："革命嘛，就是这样，要经过艰苦的斗争和流血牺牲，反动派的监狱再多，也不能把所有的共产党人全关起来。只要有一个人，我们的事业就会发展，最后胜利一定是我们的。"

在一次干部会上，他对一个由于害怕而不敢参加斗争、经过教育仍坚持错误观点的人，严肃地批评道："共产党就是战斗的党，没有战斗就没有党，党存在一天就必须战斗一天，不愿意参加斗争，还算什么共产党员？"

对那些可耻的叛徒，赵世炎更是鄙视、痛恨。一天，有人告诉他一个叛徒向自己要钱，并威胁不给钱就要向国民党告密。赵世炎听了非常气愤，他愤然道："不能给他钱，我们不能在这些可耻的家伙面前表示让步。否则就显得我们共产党员是用钱买安全。以后把他甩掉就是了，不行就组织人把他干掉。"

中共中央根据革命形势的需要，决定撤销江浙区委，分别成立中共江苏省委和浙江省委，江苏省委仍驻上海，书记陈延年，组织部部长郭伯和，秘书长和宣传部部长韩步先，而赵世炎因为中央准备调他去武汉工作，没有宣布他的任职。中共江苏省委宣布成立那天，陈延年、郭伯和和韩步先在会场遭到敌人逮捕。赵世炎虽然出席了这次会议，但由于先行离开会场，没有被捕。

陈延年被捕后，尽管遭到毒打，仍坚贞不屈，绝不出卖党的秘密。但无耻的韩步先在敌人的威逼利诱之下成了叛徒，不仅出卖了陈延年和郭伯和，还把"施英"即赵世炎供了出来，并交代了"施英"的住址。

本来，陈延年他们出事后，赵世炎已决定搬家。他对妻子夏之栩和岳母"夏娘娘"说："你们赶紧找找，有什么合适的房子就搬家，而且要快一些！"

夏之栩很快就找到了一处房子，而且已付了订金，家里该整理的东西也整理好了。但由于赵世炎一直忙于布置工作，再加上夏季连日狂风暴雨，搬家的事竟然给耽搁了下来。

7月2日黄昏，电闪雷鸣，暴雨如注。上海警备司令部根据叛徒韩步先的口供，包围了赵世炎的住所，一批举着手枪穿着雨衣胶鞋的便衣侦探和警察突然闯进了赵世炎的家，不由分说四处搜查起来。当时赵世炎外出未归，幸好正准备搬家，夏之栩和母亲在整理物件时已将一些秘密的文件作了处理和销毁。敌人在找不到任何"证据"时未免有些疑虑起来："你们是干什么的？"

"做生意的呀！"毕竟是老地下党，"夏娘娘"从容自若地回答。

"户主是谁？"为首的特务叼着一支烟坐在那里，跷着二郎腿，阴阳怪气地问。

"夏仁章，夏天的夏，仁义的仁，文章的章。""夏娘娘"继续镇定地回答。

"没有问你，老太婆，闭上你的臭嘴！"特务头子瞪着眼，穷凶极恶地吼道，同时心里在想："那叛徒提供的是不是假情报？"

尽管这样，特务们依旧不死心，坐在那里就是不走。

夏之栩和母亲焦急万分，当"夏娘娘"从窗口看见赵世炎正向家里走来时，不顾敌人的阻止，用力将窗台上用作信号的花盆推了下去，可是，由于当时风大，赵世炎竟然完全没有察觉，一进门就被躲在大门背后的特务逮捕。

见此情形，赵世炎大声反抗道："你们这是干什么？我是个生意人，你们凭什么抓我？"但特务们根本不容他辩解，立即给他戴上了手铐。

在被带走前，趁敌人不注意，赵世炎低声对夏之栩说："快去通知若飞离开！"

在被推搡着走出家门前，赵世炎用力扭动胳臂，将两个挟着自己的特务推开，然后站在那里，回过头朝夏之栩、儿子和岳母匆匆但却镇静地看了一眼，没有说一句话便昂着头跨出了家门。

多年后，在回忆当时的情景时，夏之栩依然

印象深刻："从他的态度和眼神里，我了解他献身革命的大无畏精神。从他坚定的脚步声中，我再一次感受到一个共产党员的凛然正气。"

赵世炎被推上警车，这才看见韩步先这个叛徒正龟缩着身子，低着头蹲在那里，一眼也不敢看他。

将赵世炎抓进监狱后，敌人轮番对他进行审讯，并严刑拷打。

"你叫什么名字？"

"夏仁章。"

"干什么的？"

"做生意的。因为湖北家乡闹土匪到上海来避难做生意。"

"不，你不是夏仁章，你的真名叫赵世炎，在共产党里化名叫'施英'！"

"哈哈哈哈……"虽然遍体鳞伤，一次次被折磨得死去活来，但赵世炎依然发出一阵阵洪亮而爽朗的笑声，这笑声在监狱的上空久久地回荡。

几次审讯下来，连淞沪警备司令部主审这个案子的军法处处长汪啸崖也不免有些疑惑，以为是不是真的抓错人了。

于是，他再次提审韩步先，要他老实坦白，是不是说了假话，糊弄党国。

韩步先一听吓得顿时跪倒在地，哭着求饶说："处长，我说的句句是实话。我即是你们的人，一定效犬马之劳！"

汪啸崖用脚踢踢他，凶狠而又轻蔑地说："限你3天之内，拿出确凿证据，证明夏仁章就是'施英'，否则要了你的狗命！快滚！"

韩步先像狗一样连滚带爬地出了审讯室，转身就去了监狱。在这里，他异想天开，竟想劝降赵世炎，让赵世炎也当叛徒。突然听到这个可耻的叛徒说出这么无耻的话，赵世炎的肺都要气炸了，但想到这种时候他还不能冲动，需要理智，于是便瞪着眼冲这个叛徒轻声地说："我还要革命！"示意他万万别供出自己来。

一看劝降赵世炎没戏，韩步先有些失望，但一转眼，他忽然看到监狱中还有一个熟人，此人是上海总工会的会计，名叫张葆臣，韩步先觉得自己有救了。果然，他把张葆臣找去私下一说，贪生怕死的张葆臣竟然答应了。

这天上午，戴着镣铐的赵世炎又被带进审讯室提审。无论敌人怎么威逼利诱，赵世炎依然不承认自己是"施英"，就在这时，张葆臣和韩步先这两个叛徒一前一后地进来了，两人一起指证他就是共产党在上海赫赫有名的大人物"施英"，并当庭录了口供，捺了手印。

既然遭到两个叛徒出卖，赵世炎知道，再掩盖已经无用，于是便理直气壮地公开承认自己就是"施英"，是共产党员，并把敌人的监狱和法庭当作革命者的舞台，滔滔不绝地历数共产党对于中国人民解放运动的功绩，一针见血地揭露蒋介石充当帝国主义走狗，背叛革命的罪恶行径。他越讲越快，越讲越激动，一声比一声高，倒好像他是一个审判者，而那些反动派正在接受他的愤怒控诉与严厉审判。

敌人对他严刑拷打，妄图使他屈服，但赵世炎宁死不屈。他愤怒地申斥蒋介石违背中山联俄联共遗训，背信弃义，叛变革命，阻碍国民革命事业，祸国殃民，罪大恶极！他英勇豪迈，充满自信地预言:"志士不辞牺牲,革命种子已经遍布大江南北,一定会茁壮成长起来,共产党必将取得胜利!"

回到监狱,他咬紧牙关,尽量忍住伤痛,鼓励监狱里的同志:"革命就是要流血的,要改造社会就必须付出代价。""不要害怕,越怕越没有希望。"

反动派妄图从赵世炎的嘴里掏出共产党的秘密,于是就对他软硬兼施,攻心为上,说"你不为你自己着想,也应该为你的妻子和你尚未长大的孩子着想"。

想到妻子和儿子,赵世炎的脑海中忽然掠过自己和夏之栩婚前、婚后在一起的情景,而儿子胖乎乎的小脸蛋也忽然间在他的眼前浮现。是啊,自己被捕后,之栩和儿子他们如今不知道怎么样了……

想到这些,他未免有些难过,有些伤感。但是,他很快就镇定下来,告诫自己这种时候一定要坚强。于是,他摇摇头,设法控制住了自己的情绪,并在心中坚信,与自己一样有着坚定革命信念的妻子夏之栩一定会把他们共同的儿子好好抚养长大并教育成人的。

想到这里，他轻轻地吐了口气，然后慷慨激昂地说："谁没有妻儿老小？谁不盼望有个温暖的家？……我是共产党人，为了革命，一切都可以抛弃！"

"明天，你们这些反动派就是把我杀了，我为共产主义事业奋斗而至牺牲，也无憾！"

在赵世炎被捕期间，因夏之栩及时通知才安全脱险的王若飞和上海党组织一直在千方百计营救他。王若飞曾制定了多种营救策略，如用金钱收买敌人让其释放赵世炎，或是在敌人将赵世炎从上海押送南京的列车上将其营救，再有就是劫法场，但最终，都未能成功。

在决定杀害赵世炎的前一天晚上，敌人仍不死心，北伐军东路军政治部主任陈群专门在办公室"召见"赵世炎，对他盛情款待，并显得很亲密地说："今天我们两个是私人间的谈话，我一直很敬慕施先生，相信我们之间能谈得很好。施先生这样的人才，只要肯为蒋总司令效力，那一定前途

无量！”

赵世炎当然知道陈群的用意，当即斩钉截铁地说：“算啦，你们要杀就杀吧，让我像你们一样去屠杀人民，那只能是白日做梦。我正是为了人民不再让你们屠杀，才与你们斗争的！”

据当年和赵世炎关在同一个监狱里的郑明德回忆说：

7月19日早晨七八点钟，听到吹号，我们便知道又要杀人。大家早饭刚一吃过，卫兵便打开牢房问："哪个是施英？"施英答："我是施英。"卫兵又说："起来。"施英应了一声便站起来整理一下半新半旧淡灰色的西服，就像要到外面出席什么宴会一样，显得那么坦然自若。但是我们大家都很紧张，心里有说不出的焦急和难过，施英是我们最敬爱的领导呀！他不慌不忙地迈着步子走出牢门，两个大兵把他两手反背地捆起来，架上黄包车（那时还没有三轮车）拉出去了。以后听大兵回来说，施英同志被枪毙在枫林桥畔，并说："这个人真了不起，枪毙时还高呼'打倒新军阀蒋介石！''中国共产党万岁！'"

当夏之栩听到这一噩耗，泪水似关不住的闸门，一下子夺眶而出，湿透了她的衣襟……这种时候，她只觉得天旋地转，顿时一下子昏倒在床上。

"世炎安息吧，我将接过你手中的红旗，奋勇前进，直到革命胜利！"那些天里，她常常喃喃地说，觉得唯有这样做才是对丈夫最好的告慰。

赵世炎牺牲的事，李硕勋知道后，考虑到世炎的妹妹、自己的妻子赵君陶身体不好，怕她受到的打击太大，没有告诉她。但赵君陶还是很快就知道了，当她得知这一噩耗后，顿时如五雷轰顶，伤心得不能自已，哭得像个泪人。

赵世炎慷慨就义的消息，不久传遍江浙地区，传到北方又传到法国，所有熟识他的人都悲痛万分，很多党员工人都痛哭失声。法国的华工和留学生还专门为他开了追悼会和逝世一周年纪念会，出了纪念小报。许多华工把纪念小报一直保存了多年……

1927 年 10 月出版的第 1 期《布尔塞维克》

杂志在《悼赵世炎、陈延年及其他死于国民党刽子手的同志》一文中称颂"赵世炎是上海无产阶级真实的首领",认为"赵世炎、陈延年二同志之死,是中国革命最大的损失之一。中国无产阶级从此失去了二个勇敢而有力的领袖,中国共产党从此失去了二个忠实而努力的战士"。"赵世炎、陈延年二同志之死,在中国共产党的行伍中留下了虚空,这虚空将成为中国共产党奋斗的生命史上一个永不磨灭的黯然的伤痕!""中国无产阶级及其政党,对于赵世炎、陈延年及其他死于国民党刽子手的同志,是不哭的。中国无产阶级及其政党誓为他们的首领和战士报仇!"

10年后,《救国时报》评价赵世炎道:"人们公认他是上海工会的灵魂,中国共产党的天才领袖,中华民族不可多得的英雄。"

赵世炎虽然牺牲了,英魂常在,浩气长存!

图书在版编目（CIP）数据

赵世炎 / 张树军主编；王相坤，丁守卫编著. --北京：
学习出版社，2020.9（2021.5重印）
　　（中华先烈人物故事汇）
　　ISBN 978-7-5147-0994-0

Ⅰ.①赵…　Ⅱ.①张…　②王…　③丁…　Ⅲ.①赵世炎
（1901-1927）一传记　Ⅳ.①K827=6

中国版本图书馆CIP数据核字（2020）第149817号

赵世炎
ZHAO SHIYAN

主编/张树军　　副主编/王相坤　　编著/王相坤　　丁守卫

责任编辑：张　俊　　　　　　封面绘画：徐玉华
技术编辑：周媛卿　朱宝娟　　内文插图：刘胜军
美术编辑：杨　洪

出版发行：学习出版社
　　　　　北京市东城区崇外大街11号新成文化大厦B座11层
　　　　　（100062）
　　　　　010-66063020　010-66061634　010-66061646
网　　址：http://www.xuexiph.cn
经　　销：新华书店
印　　刷：北京联兴盛业印刷股份有限公司

开　　本：787毫米×1092毫米　1/32
印　　张：5.625
字　　数：80千字
版次印次：2020年9月第1版　2021年5月第2次印刷

书　　号：ISBN 978-7-5147-0994-0
定　　价：22.00元

如有印装错误请与本社联系调换，电话：010-67081356